Papierflugzeuge

... die wirklich fliegen

Nick Robinson

Papier Flugzeuge

... die wirklich fliegen

Bassermann

ISBN: 978-3-8094-3506-8

5. Auflage 2024
© 2016 für die deutsche Ausgabe by Bassermann Verlag, einem Unternehmen der
Verlagsgruppe Random House GmbH, Neumarkter Straße 28, 81673 München
produktsicherheit@penguinrandomhouse.de
(Vorstehende Angaben sind zugleich Pflichtinformationen nach GPSR)
© der englischen Originalausgabe 2003 by DSBG Ltd
Originaltitel: Making Paper Planes … *that really fly*

Projektkoordination dieser Ausgabe: Claudia Maria Weiß
Umschlaggestaltung: Atelier Versen, Bad Aibling
Fotos: Colin Bowling
Gestaltung: Earl Neish
Übersetzung: Clemens Sorgenfrey, Münster
Redaktion: buch4U, Münster

Die Informationen in diesem Buch sind von Autor und Verlag sorgfältig erwogen und geprüft, dennoch
kann eine Garantie nicht übernommen werden. Eine Haftung des Autors bzw. des Verlags und seiner
Beauftragten für Personen-, Sach- und Vermögensschäden ist ausgeschlossen.

Druck: Alföldi NyomdaZrt., Debrecen

Printed in Hungary

Penguin Random House Verlagsgruppe FSC® N001967

Inhalt

Einführung . . . . **7 - 13**

DIE PROJEKTE

Der klassische Pfeil . . . . **14 - 15**

Der klassische Gleiter . . . . **16 - 18**

Falke . . . . **19 - 22**

Testflieger . . . . **23 - 25**

Canard . . . . **26 - 27**

Meisterschaft . . . . **28 - 29**

Ring . . . . **30 - 31**

Radford . . . . **32 - 33**

Das fliegende Quadrat . . . . **34 - 35**

Sallas . . . . **36 - 37**

Dreidecker . . . . **38 - 40**

Alison . . . . **41 - 42**

Stump . . . . **43 - 45**

Starfighter . . . . **46 - 47**

Landscape . . . . **48 - 50**

Nadelpfeil . . . . **51 - 53**

Mauersegler . . . . **54 - 56**

Martin . . . . **57 - 58**

Spinner . . . . **59 - 60**

Art Deco Wing . . . . **61 - 63**

Danksagung **64**

Papierflugzeuge bauen

Ein Papierflugzeug zu bauen, das wirklich fliegt, ist eine Mischung aus Wissenschaft, Experimentieren und Ausdauer. Sie müssen bereit sein, etwas Zeit und Mühe zu investieren, wenn Sie brauchbare Ergebnisse erzielen wollen. Und brauchbare Ergebnisse sind für jeden zu erreichen. Es gibt einige Dinge, die Sie beachten sollten, wenn Sie nach den Sternen greifen.

Viele erwarten, dass ihre Flugzeuge gleich beim ersten Mal wunderschön fliegen. Doch das wird höchstwahrscheinlich nicht passieren. In fast allen Fällen werden Sie Nachbesserungen vornehmen müssen, um mit Ihrem Flieger Erfolg zu haben, vor allem aber, wenn Sie an irgendeinem Wettbewerb für Papierflugzeuge teilnehmen wollen. Es gibt drei Hauptbereiche, in denen Nachbesserungen nötig sein können: der Abwurfwinkel, die Geschwindigkeit, mit der Sie den Flieger werfen, und die Einstellung (das „Trimmen") der Flügel. Jede dieser Maßnahmen wird eine deutliche Wirkung auf die Flugqualität haben.

Der Abwurfwinkel

Dabei geht es um den Winkel, in dem die Nase des Flugzeugs steht, wenn Sie loslassen. Ein 0°-Winkel bedeutet einen geraden Abwurf nach vorn. Wenn Sie das tun, ist es wahrscheinlich, dass der Flieger praktisch sofort zu Boden sinkt. Die meisten Papierflugzeuge, die für Langstrecken entworfen werden, müssen in einem leichten Aufwärtswinkel abgeworfen werden. Bei den anderen ist ein spitzer Abwurfwinkel besser, damit sie hoch in die Luft aufsteigen, bevor sie dann wieder langsam niedersinken. Mit Sicherheit ist dies der Fall, wenn Sie an einem Wettbewerb teilnehmen, bei dem es um „die längste Zeit in der Luft" geht. Das Ziel dabei ist, so viel Höhe wie möglich zu erreichen und dann das Flugzeug in einen weiten kreisförmigen Gleitflug fallen zu lassen, sodass es lange bis zur Landung dauert.

Die Abwurfgeschwindigkeit

Papierflugzeuge mit großen Flügeln brauchen einen sanften Abwurf, da die Flügel nicht sehr haltbar sind und leicht knicken, wenn der Flieger zu fest geworfen wird. Stromlinienförmige Modelle kann man mit mehr Kraft starten. Einige sollten sogar so schnell wie möglich losfliegen. Wenn Sie für einen Rekordversuch in den Disziplinen „Entfernung" oder „Zeit in der Luft" antreten, werden Sie einen aggressiven, aber kontrollierten Abwurf entwickeln müssen. Das Ziel ist, so viel Geschwindigkeit zu übertragen, wie Sie können, ohne das Papier überzustrapazieren. Experimentieren Sie mit jedem Flugzeug, das Sie falten, um die beste Abwurfgeschwindigkeit zu ermitteln. Nach einiger Zeit werden Sie ein Gespür dafür entwickeln, was die jeweiligen Eigenschaften des Flugzeugs verlangen.

Trimmen

Das bedeutet, die Tragflächen sowie alle anderen überstehenden Teile genau einzustellen. Der wichtigste Faktor ist wahrscheinlich der Winkel der Tragflächen zum Rumpf. Dieser Winkel ist ein so genannter Dihedralwinkel, d.h. kleiner als 180°. Bei den meisten Entwürfen brauchen Sie einen Dihedralwinkel, sodass die Spitzen der Tragflächen nach oben zeigen. Das stabilisiert den Flug. Mit einem möglichst großen Neigungswinkel kann das Flugzeug besser fliegen. Ein anderer zentraler Bereich für die Feineinstellung sind die Hinterkanten der Tragflächen, die „trailing edges". Wenn der Flieger eine Tendenz zum steilen Sturzflug zeigt und an der Nase zu schwer ist, geben Sie der Hinterkante der Flügel eine ganz leichte Aufwärtsbiegung. Machen Sie alle Nachbesserungen in kleinen Schritten und

Wie man ein Rechteck im Papierformat DIN A faltet

Viele der Flugzeuge in diesem Buch werden am besten aus DIN-A-Papieren gemacht. Wenn Sie jedoch einmal ein anderes Papierformat verwenden, so ist das kein Problem. Aus jedem beliebigen Quadrat oder Rechteck erhält man leicht ein Blatt im DIN-A-Verhältnis von Länge zu Breite, wie unten gezeigt wird.

Das Format DIN A aus einem beliebigen Rechteck

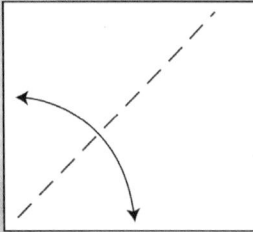

1 Eine Seite zur gegenüberliegenden falten und falzen, dann wieder auseinanderfalten.

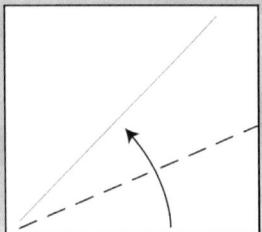

2 Die untere Kante zum Knick falten.

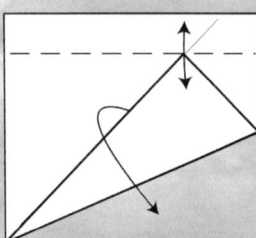

3 Den überstehenden Streifen zuklappen, falzen und auseinanderfalten.

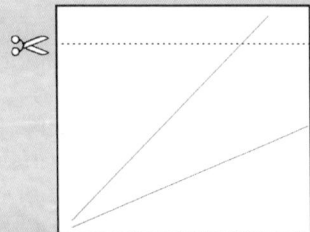

4 Den Streifen entlang des Falzes abschneiden.

Das Format DIN A aus einem beliebigen Quadrat

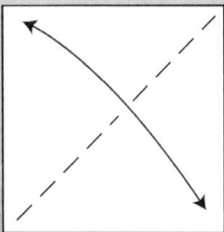

1 Eine Seite zur gegenüberliegenden falten und falzen, dann wieder auseinanderfalten.

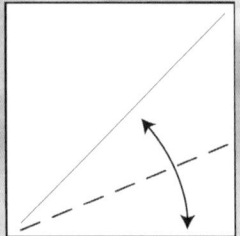

2 Die untere Kante zum Knick falten.

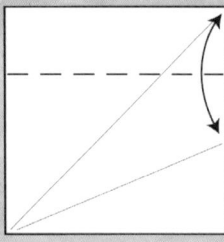

3 Die obere Kante zum Endpunkt des zweiten Falzes klappen und falten, falzen und auseinanderfalten.

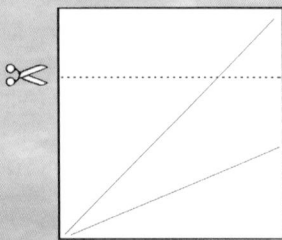

4 Den Streifen entlang des Falzes abschneiden.

schieben Sie nach jedem Schritt einen Teststart ein. Sie werden bald lernen, den Flügeln den richtigen „Kniff" zu geben.

Um die Sache kompliziert zu machen, beeinflussen sich diese Faktoren gegenseitig. Für einen langsameren Start brauchen Sie vielleicht einen größeren Neigungswinkel der Tragflächen (Dihedralwinkel). Wenn Sie die Spitzen der Tragflächen aufwärtsbiegen, brauchen Sie möglicherweise einen steileren Abwurfwinkel. Das Richtige kann man nur herausfinden, indem man eine einzige Änderung durchführt, dann das Flugzeug startet und beobachtet, wie es sich verhält. Dann bessern Sie einfach so lange nach, bis Sie ein fein eingestelltes Flugzeug haben. Nach einiger Zeit werden Sie gelernt haben, dies zügig durchzuführen, und Sie werden wissen, wie Sie die verschiedenen Flugprobleme in den Griff bekommen.

Bedingungen

Papierflugzeuge sind normalerweise Leichtgewichte und werden daher schnell vom Wind beeinflusst. Die einzige sinnvolle Antwort auf dieses Problem ist, die Flugzeuge drinnen fliegen zu lassen und alle Fenster und Türen geschlossen zu halten. Brauchbare Örtlichkeiten sind etwa Sport- und Lagerhallen, große Garagen usw. Eine ideale Örtlichkeit hat weder Wind noch Zugluft, ist gut 100 Meter lang und etwa 30 Meter hoch. Die einzigen Orte, auf die das zutrifft, sind Sportarenen oder Flugzeughangars, die zu mieten sich als teuer herausstellen kann – aber die Sache ist es wert. Und Sie können dann einige Weltrekorde brechen!

Papier hat die Eigenschaft, Luftfeuchtigkeit zu absorbieren. Das bedeutet, dass die Tragflächen Ihres Flugzeugs nach einer Weile anfangen werden durchzuhängen. Dagegen gibt es kein Heilmittel (abgesehen von einem warmen, trockenen Raum). Sie sollten sich also darauf einstellen, Ihr Flugzeug nach einer äußerst begrenzten Lebensspanne in den „Ruhestand" zu versetzen. Und dann sollten Sie ein anderes falten! Das Frustrierende daran ist, dass Sie zwei augenscheinlich identische Flugzeuge noch so sorgfältig falten können und sich das eine als großer Flieger entpuppen kann, während das andere hoffnungslos ist. Aber das ist auch Teil des Spaßes, denn wenn es so leicht wäre, Flugeigenschaften vorauszusagen, würde der ganze Ablauf rein mechanisch werden. Tatsache ist, dass ein blutiger Anfänger Glück haben und recht beeindruckende Ergebnisse erzielen kann.

Extras je nach Geschmack

Viele Papierflieger-Enthusiasten sind ziemlich streng bei der Herstellung von Papierflugzeugen. Sie beschränken sich auf Falttechniken, um ihr Ziel zu erreichen. Andere benutzen Klebeband, Gewichte, Schnitte, Extrateile, kurzum alles, was dazu beiträgt, das Flugzeug fliegen zu lassen. Die Regeln für den Papierflugzeug-Weltrekord (sowohl für den Distanzflug als auch für die Zeit in der Luft) gestatten den Gebrauch von kleinen Stückchen Klebeband, um die Tragflächen zusammenzukleben.

Vor einigen Jahren wurde auf einen Vorschlag der British Origami Society eine neue Kategorie hinzugefügt. Danach sind nur noch reine Origami-Techniken zulässig, also ohne Schnitte oder den Gebrauch von Klebeband. Das hat viele Papiergestalter ermutigt, sich einmal mit dem Entwerfen von Papierflugzeugen zu beschäftigen: Einige der aufregendsten Designs werden in diesem Buch vorgestellt. Viele Kinder mögen es, kleine Klappen in die Tragflächen zu reißen, um den Flieger besser aussehen zu lassen und möglicherweise auch die Flugeigenschaften zu verbessern. Der Einsatz von Klappen trägt beim Trimmen des Flugzeugs sicher zur Feinjustierung bei, aber vielleicht haben Sie ja das Gefühl, dass dies weniger befriedigend ist als das „reine" Falten.

Jeder hat seine eigenen Standards und Sie sollten einfach tun, was Sie zufrieden stellt. Es ist auch richtig, dass ein Flugzeug oftmals besser fliegt, wenn Sie am vorderen Ende ein Gewicht hinzufügen (in Form einer Büroklammer), aber vielleicht denken Sie ja auch, das sei eine Mogelpackung.

Wahl des Papiers

Die Wahl der Papiersorte bleibt Ihnen überlassen, aber Sie müssen sich darüber im Klaren sein, dass einige Papiere (etwa Zeichenpapier) keine guten Flieger ergeben, da sie nicht fest genug sind. Einige Papierarten nehmen die Luftfeuchtigkeit schneller auf und sollten daher gemieden werden. Wenn das Design sehr kompliziert ist, brauchen Sie vielleicht dünneres Papier, da das Flugzeug ab einer bestimmten Größe überhaupt nicht mehr fliegen wird.

Das europäische Standard-A4-Papier bzw. Letter, das gebräuchliche amerikanische Photokopierformat, ist in den meisten Fällen einsetzbar und obendrein preiswert. Pauspapier ist leicht, aber haltbar, weshalb es sich vorzüglich für Flugzeuge eignet. Wie Sie aus einem beliebigen Rechteck oder Quadrat ein Blatt im DIN-A4-Verhältnis von Länge zu Breite erhalten, sehen Sie auf Seite 10.

Entwerfen eigener Modelle

Wenn Sie die komplizierteren Papierflugzeuge falten, bekommen Sie vielleicht einen Riesenrespekt vor den Menschen, die sie entworfen haben. Sie erscheinen Ihnen talentiert und künstlerisch begabt, aber das ist keineswegs immer der Fall. Viele übernehmen einfach die Ideen anderer Designs und fügen bloß einige Kleinigkeiten hinzu. Wenn Sie mit einem einfachen Design beginnen, können Sie die Abstände und einige der Winkel verändern, zusätzliche Falze hinzufügen und einige andere Falze weglassen. Und am Ende haben Sie einen Original-Entwurf!

Wenn Sie Ihre Entwürfe testen, führen Sie Testflüge nach jeder Änderung durch, um festzustellen, welche Wirkung sie hat. Wenn Ihr Flugzeug ordentlich fliegt, haben Sie es erfolgreich bearbeitet. Wenn nicht, beginnen Sie mit einem neuen Blatt Papier und versuchen andere Modifikationen. Verändern Sie nicht immer dasselbe Modell, da das Papier viele ungewollte Knicke bekommt. Da Papier so preiswert ist, bleibt der Aufwand gering. Vielleicht kennen Sie jemanden, der in einem Büro arbeitet – dort werfen sie jede Woche bestimmt hunderte Blätter Papier fort. Mit einer freundlichen Anfrage erhalten Sie sicher so viel Faltmaterial, wie Sie brauchen.

Es gibt keinen einfachen Weg zur Kreativität, aber Sie müssen Geduld mitbringen und gewillt sein, jede Regel zu brechen, die sich als Hindernis erweist. So werden beispielsweise die meisten Flieger begonnen, indem man die Längsseiten des Papiers zusammenfaltet. Warum sollte man nicht das Gegenteil versuchen und die Schmalseiten zusammenfalten? Entwürfe wie die „Landscape" oder die „Alison" werden so begonnen. Sie werden möglicherweise mit Problemen konfrontiert, deren Lösung Erfindungsgeist und Geduld erfordern, aber so ist es wahrscheinlicher, dass Ihre Designs Originale sind. Etwas anderes, das Sie vielleicht auch einmal probieren wollen, ist der „Heilige Gral" der Papierflugzeuge: asymmetrische Designs. So können etwa die Flügel eine unterschiedliche Form aufweisen. Viele behaupten, es sei unmöglich, ein solches Flugzeug zu bauen, aber wer weiß?

Wettbewerbe

Wenn Sie es mit den Papierfliegern ernst meinen, werden Sie einige der Weltrekorde anpeilen wollen, indem Sie an einem Wettbewerb teilnehmen oder gar einen ausrichten. Es gibt eine Reihe von Kategorien, in denen internationale Rekorde erzielt werden können. Dazu gehören „Zeit in der Luft", d. h., wie lange können Sie Ihren Flieger in der Luft halten – augenblicklich liegt der Rekord bei 29 Sekunden –, und „Entfernung", d. h., wie weit können Sie ein Papierflugzeug fliegen lassen – derzeit liegt der Rekord bei 69 Metern. Viele professionelle Wettbewerber benutzen kleine Streifen Klebeband, um die Seiten des Flugzeugs zusammenzuhalten. Allerdings gibt es jetzt eine offizielle Kategorie für „Origami", in der der Flieger nur durch Falttechniken entstehen darf. Weltrekordinhaber nehmen ihr Hobby sehr ernst und verbringen Stunden mit Üben, um die spezifischen Muskeln aufzubauen, die für den Abwurf eines Fliegers nötig sind. Wenn Sie an Ihrer Arbeitsstelle oder in der Schule einen Wettbewerb veranstalten wollen, brauchen Sie eigentlich nichts außer einem großen offenen Raum ohne Wind. Für einen Weltrekordversuch brauchen Sie allerdings einen großen Flugzeughangar. Sie können auch weniger ernste Kategorien bewerten wie Akrobatik, dekorativstes Design, schlechtester Flieger (!) oder unterhaltsamste Abwurftechnik.

Gesellschaften

Überall auf der Welt können Sie kleine Gruppen von Leuten finden, die sich mit Papierflugzeugen beschäftigen. Vielleicht haben Sie aber mehr Erfolg, wenn Sie einer Origami-Gesellschaft beitreten. In jedem größeren Land der Erde gibt es mindestens eine solche Gesellschaft. Sie erhalten dadurch die Möglichkeit, regelmäßig eine Zeitschrift zu lesen, ordentliches Papier zu kaufen und Bücher über Papierflugzeuge in die Hand zu bekommen. Am wichtigsten ist es aber vielleicht, dass Sie viele andere Menschen kennen lernen, die Spaß am Papierfalten haben. Menschen, die sich mit Origami (das japanische Wort für Papierfalten) beschäftigen, sind in der Regel ausgesprochen freundlich und werden Ihnen bei allen Faltproblemen gerne helfen. Viele Origamisten sind auch an Papierflugzeugen äußerst interessiert. Hier sind einige wichtige Websites:

Origami Deutschland www.papierfalten.de
Origami Österreich www.origamiaustria.at
British Origami Society www.britishorigami.info/

Die Projekte

Idealerweise sollten die Projekte in diesem Buch in der vorgegebenen Reihenfolge gefaltet werden, da bei einigen der späteren Entwürfe die Schritte und Techniken, die bereits in den früheren Entwürfen behandelt worden sind, weniger ausführlich erklärt werden. Fortgeschrittene können natürlich springen und auswählen. Denken Sie daran, langsam und sorgfältig zu falten, und machen Sie sich vorher klar, wohin jeder einzelne Schritt Sie führen soll. Ihre ersten Modelle sollten Sie aus irgendeinem Papier, das Sie gerade zur Hand haben, falten. Sobald Sie die Abfolge gemeistert haben, werden Sie bessere Papierqualitäten benutzen wollen.

Glossar von Begriffen aus der Luftfahrt

Anströmwinkel: der Winkel, in dem die Tragfläche durch die Luft angeströmt wird.

asymmetrisch: Bauform, bei der die Tragflächen unterschiedlich geformt sind.

Auftrieb: Kraft, die das Flugzeug anhebt.

Barnstormer: kunstflugtaugliches Flugzeug.

Canard: Entenflugzeug, bei dem das Höhenleitwerk vor den Tragflächen angebracht ist.

Flugweg: der Weg, den das Flugzeug in der Luft beschreibt.

Gieren: Bewegung um die Hochachse des Flugzeugs.

Höhenruder: Teil am Heck, das das Flugzeug auf und ab bewegt.

instabil: wenn ein Flugzeug selbstständig seine Fluglage ändert.

Lateralplan: der Punkt, auf dem das Flugzeug balanciert werden kann.

Mach: Maßeinheit, die sich an der Schallgeschwindigkeit (= Mach 1) orientiert.

Nicken: Bewegung des Flugzeughecks nach oben oder unten.

Ornithopter: Flugzeug aus den Anfängen der Fliegerei, das wie ein Vogel aussieht.

Profil der Tragfläche: verursacht den Auftrieb.

Querruder: ein bewegliches Teil der Tragfläche, welches das Flugzeug um die Längsachse rollen lässt.

Rollen: Bewegung, bei der sich eine Tragfläche hebt, während sich die andere senkt.

Rollrate: die Geschwindigkeit, mit der das Flugzeug rollt.

Ruder: bewegliche Teile des Flugzeugs, die die Fluglage beeinflussen können.

Rumpf: Hauptteil des Flugzeugs.

Seitenruder: vertikales Ruder am Heck.

stabil: wenn ein Flugzeug ohne Rollen, Nicken oder Gieren seine normale Fluglage einhält.

Stall: Auftriebsverlust, bei dem das Flugzeug schnell sinkt.

Supersonic: Überschallflugzeug, kann schneller als der Schall fliegen.

VTOL: Vertical Take Off & Landing – Senkrechtstarter, kann ohne Startbahn vertikal abheben.

Wingtip: äußeres Ende der Tragflächen, das oft nach oben zeigt.

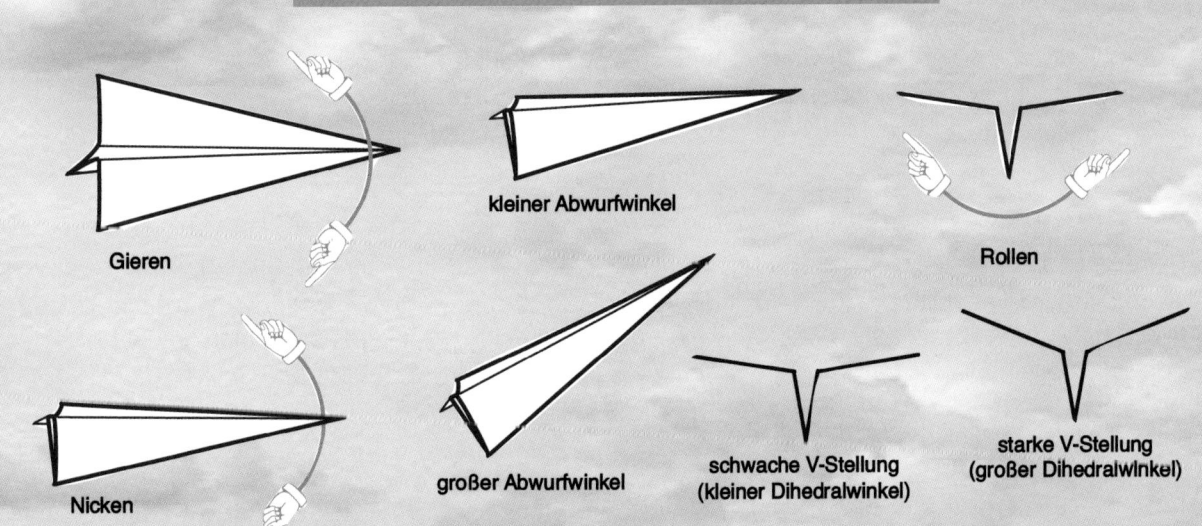

Gieren

Nicken

kleiner Abwurfwinkel

großer Abwurfwinkel

Rollen

schwache V-Stellung
(kleiner Dihedralwinkel)

starke V-Stellung
(großer Dihedralwinkel)

Der klassische Pfeil

Es gibt wohl nur wenige Menschen, die niemals das Vergnügen genossen haben, dieses einfache Modell in die Luft zu werfen. Niemand weiß genau, wie alt es ist, aber es könnte sogar älter sein als das erste „echte" Flugzeug. Hier bietet sich Ihnen eine gute Gelegenheit, ordentliches und genaues Falten zu üben. Es gilt wie bei allen Papiermodellen: Wenn Sie sich Zeit nehmen, wird das Ergebnis viel eindrucksvoller ausfallen.

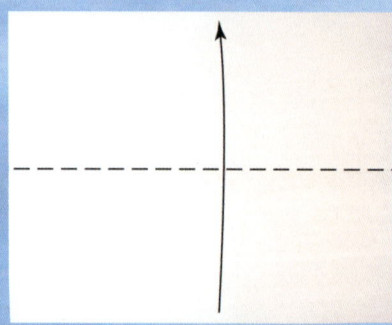

2 Klappen Sie die untere linke Ecke nach innen, sodass die kurze Kante entlang der Mittellinie liegt. Wiederholen Sie dies mit der oberen linken Ecke.

1 Falten Sie das Blatt entlang der Mittellinie. Achten Sie darauf, dass die Kanten sauber aufeinanderliegen. Halten Sie das Papier mit einer Hand fest, wenn Sie falten. Dann falten Sie das Blatt wieder auseinander.

3 Klappen Sie die bereits gefalteten Kanten erneut bis zur Mittellinie. Denken Sie daran, scharfe Falze zu machen.

4 Klappen Sie das Flugzeug entlang der Mittellinie zusammen.

5 Klappen Sie die Flügelkanten bis zur Mittellinie. Drehen Sie das Papier um, sodass Sie von sich weg falten. Das macht die Sache einfacher.

6 Das ist das Ergebnis. Wiederholen Sie diesen Schritt für den anderen Flügel.

7 Da dieses Modell vorne eine Spitze aufweist, kann es gefährlich sein, es auf Menschen zufliegen zu lassen. Um es sicherer zu machen, schneiden oder reißen Sie die Spitze einfach ab. Sie werden erstaunt sein, dass Sie so einen richtigen Miniflieger erhalten.

TIPPS ZUM FLIEGEN

Abwurf
Mittlere Stärke in einem leichten Aufwärtswinkel.

Trimmen
Die Flügel sollten einen leichten Aufwärtswinkel aufweisen (Dihedralwinkel).

Kreative Vorschläge
Drehen Sie das Blatt vor Schritt 3 um. Machen Sie den Falz in Schritt 4 zur anderen Seite.

8 Fertig!

Der klassische Gleiter

Dies ist ein weiteres altbewährtes Modell. Die Idee, die Flügel mit einer dreieckigen Klappe zusammenzuhalten, ist zuerst von einem japanischen Papierflugzeug-Experten namens Eiji Nakamura aufgebracht worden. Ordentlich getrimmt, haben Sie hier einen hervorragenden Gleiter, der dennoch einfach und schnell zu bauen ist.

1 Falten Sie das Blatt entlang der Mittellinie. Machen Sie einen scharfen Falz. Dann falten Sie das Blatt wieder auseinander.

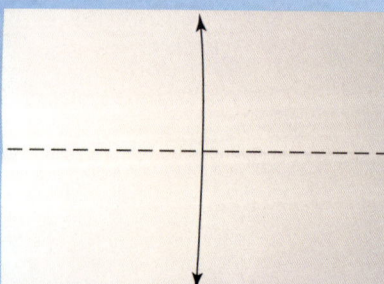

2 Wie beim klassischen Pfeil klappen Sie die beiden Ecken einer Schmalseite zur Mittellinie. Lassen Sie eine schmale Lücke, den „fudge factor" (siehe den nächsten Schritt).

3 Da Papierflugzeuge oft mehrere Lagen dick sind, kann das Falten zum Ende hin schwierig werden. Dem kann man abhelfen, indem man eine schmale Lücke lässt, wenn man zum Mittelfalz faltet. Die Amerikaner nennen dies den „fudge factor", den „Fuckelfaktor".

16

4 Falten Sie die Spitze des Dreiecks fast bis zum Ende des Mittelfalzes nach rechts. Der Abstand zur Kante sollte etwa eine Daumenbreite betragen (aber das ist nicht wirklich von Bedeutung). Das nächste Bild zeigt, wie es geht.

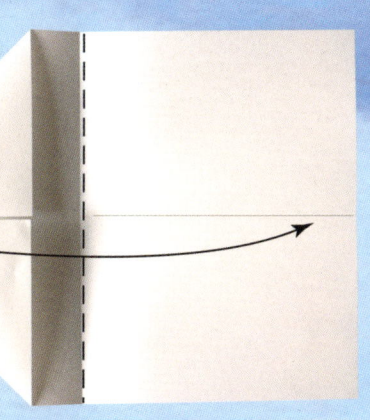

5 Klappen Sie eine Ecke nach innen, sodass die Seitenkante längs des Mittelfalzes liegt. Schieben Sie das Papier ein Stückchen nach links, ehe Sie falzen. Auf diese Weise entsteht auf der linken Seite eine kleine Lücke, die einen Abwurf in einer

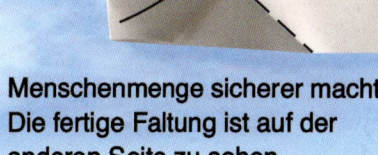

6 Klappen Sie das kleine Dreieck nach links, sodass beide Ecken bedeckt werden. Dieser „Verschluss" hält sie während des Fluges an ihrem Platz.

Menschenmenge sicherer macht. Die fertige Faltung ist auf der anderen Seite zu sehen.

7 Falten Sie das Flugzeug in der Mitte nach außen, indem Sie den unteren Teil nach hinten klappen.

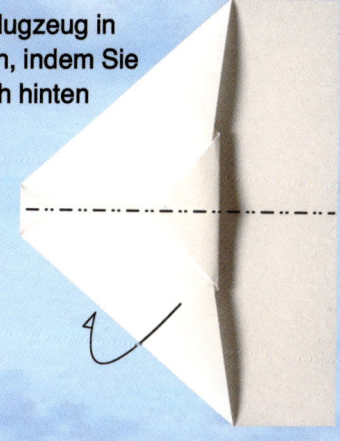

8 Das ist das Ergebnis. Drehen Sie das Papier um.

9 Falten Sie die Flügel von der Ecke der stumpfen Nase über die untere Papierkante hinaus. Das nächste Bild zeigt, wie's geht.

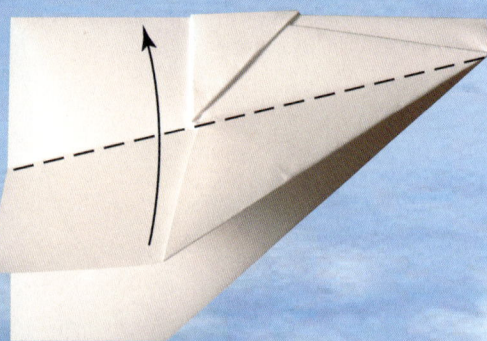

10 Das ist das Ergebnis. Die nicht sichtbare Papierkante ist als gepunktete Linie dargestellt. Und jetzt wiederholen Sie das Ganze mit dem anderen Flügel.

11 Fertig.

TIPPS ZUM FLIEGEN

Abwurf

Mittlere Stärke in einem leichten Aufwärtswinkel.

Trimmen

Die Flügel sollten einen leichten Aufwärtswinkel aufweisen (Dihedralwinkel).

Kreative Vorschläge

Verändern Sie die Faltung für die Flügel in Schritt 10, indem Sie die Flügel zuerst kleiner, dann größer machen. Welche Auswirkungen hat das auf die Flugeigenschaften? Was passiert, wenn Sie die Lasche nicht umklappen? (Schritt 6)

Falke

Dies ist ein weiteres Modell mit einer langen Geschichte, die mindestens bis in die 1930er Jahre zurückreicht. Eine ganze Reihe eleganter Origami-Techniken wird für die Schaffung der Nase eingesetzt. Sie sollten dieses Modell mehrmals bauen, bis Sie die Faltung sicher beherrschen. Fangen Sie wieder mit dem Falz entlang der Mittellinie an.

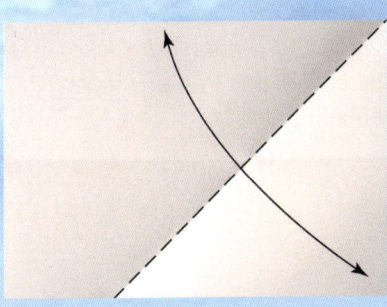

1 Falten Sie das Papier so, dass eine Schmalseite auf einer Längsseite liegt. Machen Sie einen scharfen Falz und falten das Blatt wieder auseinander.

2 Wiederholen Sie dies auf der anderen Seite. Das Bild zeigt diesen Schritt vor dem Auseinanderfalten.

3 Falten Sie das Blatt auseinander. Drehen Sie das Blatt um, sodass die Außenseiten der Falze nach oben zeigen.

PAPIERFLUGZEUGE BAUEN

4 Klappen Sie die Ecken so um, dass sie auf den Endpunkten der diagonalen Falze liegen. Falzen Sie und falten Sie dann das Blatt auseinander.

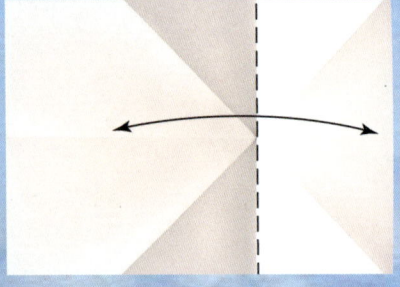

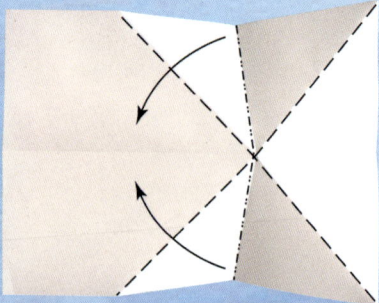

5 Drehen Sie das Blatt um und falten Sie es mithilfe der bestehenden Falze so zusammen, dass eine dreieckige Spitze entsteht.

6 Das ist das Ergebnis. Die dreieckige Spitze ist im Origami auch als „Wasserbomben-Grundform" bekannt.

7 Klappen Sie eine der losen Ecken zur Spitze des Dreiecks.

8 Wiederholen Sie diesen Schritt mit der anderen Ecke. Das ist das Ergebnis.

9 Drehen Sie das Papier in diese Position. Falten Sie die beiden losen Ecken zur gegenüberliegenden Ecke des inneren Quadrats, wobei Sie die Lage darunter mitfalten. Falzen Sie vorsichtig (wegen der Dicke) und falten Sie das Papier wieder auseinander.

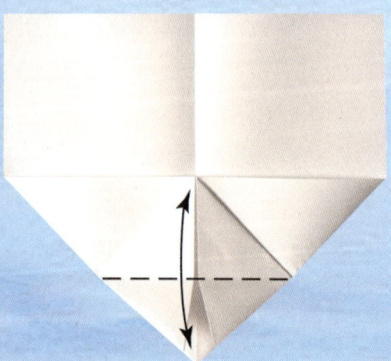

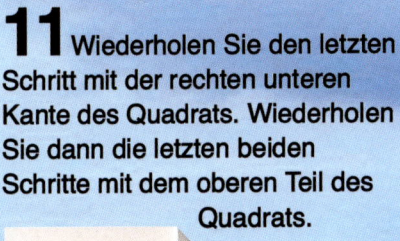

11 Wiederholen Sie den letzten Schritt mit der rechten unteren Kante des Quadrats. Wiederholen Sie dann die letzten beiden Schritte mit dem oberen Teil des Quadrats.

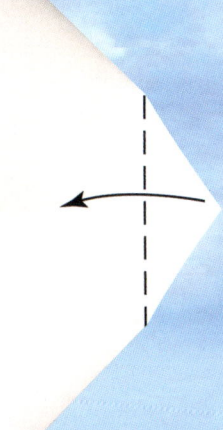

10 Drehen Sie das Papier in die vorherige Lage zurück. Falzen Sie eine Kante des Quadrats bis zum Mittelfalz. Falzen und wieder auseinanderfalten.

12 Falten Sie die beiden oberen Seiten des Quadrats nach innen und pressen Sie das Papier fest zusammen, sodass eine Spitze entsteht. Wiederholen Sie das Ganze auf der anderen Seite.

14 Das ist das Ergebnis. Machen Sie entlang der Mittellinie einen Talfalz.

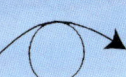

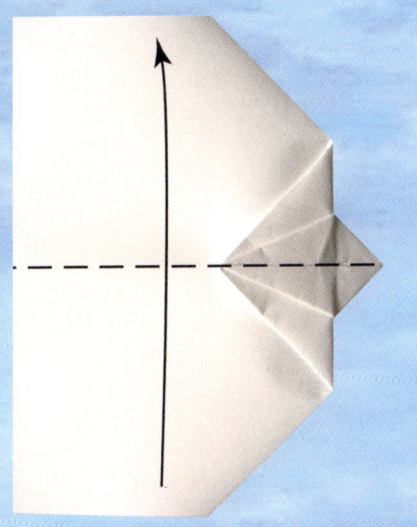

13 Drehen Sie das Papier um und falten Sie die Nase an dem bestehenden Falz nach innen. Es handelt sich um einen Bergfalz, den Sie in einen Talfalz umwandeln müssen. Falten Sie vorsichtig und freuen Sie sich daran, wie die Falze in die richtige Position knicken.

15 Und das ist das Ergebnis.

PAPIERFLUGZEUGE BAUEN

16 Falten Sie eine der Trag-flächen parallel zur Unterkante des Rumpfes nach unten. Beginnen Sie am Scheitelpunkt der Nase.

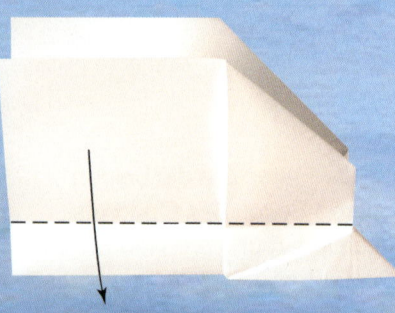

17 Jetzt falten Sie die Trag-fläche entlang der Unterkante des Rumpfes wieder nach oben.

18 Falten Sie die Tragfläche noch einmal nach unten und wiederholen Sie das Ganze für die andere Tragfläche. Mit der Position dieser Falze können Sie experimentieren.

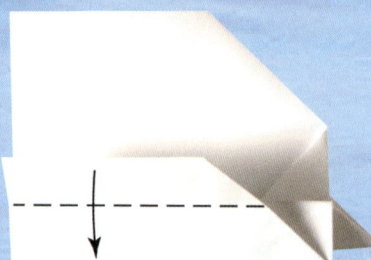

TIPPS ZUM FLIEGEN

Abwurf
Halten Sie den Flieger an der Verdickung. Werfen Sie ihn fest ab, entweder gerade nach vorn oder steil nach oben.

Trimmen
Die Falze auf den Tragflächen soll-ten symmetrisch sein.

Kreative Vorschläge
Probieren Sie die verschiedensten Möglichkeiten zum Falten der Tragflächen aus. Fügen Sie Falze hinzu, versuchen Sie es aber auch mit weniger Falzen.

19 Fertig.

Testflieger

von **Nick Robinson.**

Dieses Modell soll Ihnen dabei helfen, die Wirkung zu erkunden, die die unterschiedlichen Flügelformen auf den Flugweg haben können. Diese Erkenntnisse können Sie dann wiederum nutzen, wenn Sie die anderen Modelle in diesem Buch zu variieren beginnen.

2 Falten Sie zwei Ecken zur Mitte. Falzen und auseinanderfalten.

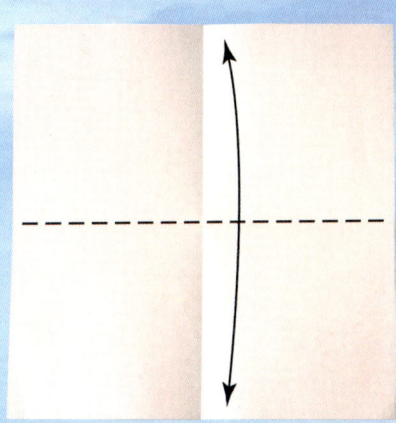

1 Beginnen Sie mit einem Quadrat, das Sie in der Mitte falten. Falzen und auseinanderfalten.

3 Falten Sie zwei Kanten nach innen, sodass sie auf die Falze des letzten Schrittes treffen. Klappen Sie die beiden Laschen entlang der vorhandenen Falze nach innen.

23

PAPIERFLUGZEUGE BAUEN

5 Klappen Sie die Ecke der oben liegenden Lasche unter Ausnutzung der bestehenden Falze nach unten.

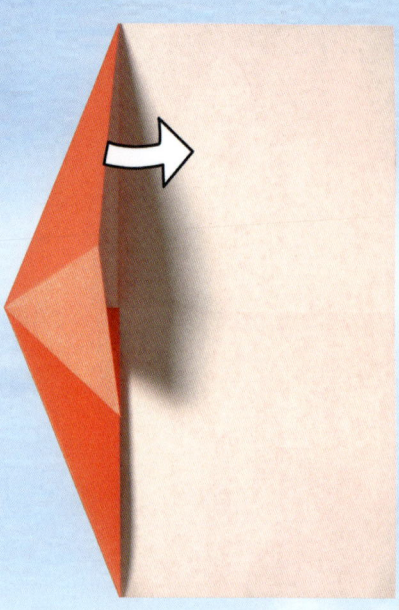

4 Falten Sie die Spitze entlang einer Innenkante nach innen. Wiederholen Sie diesen Schritt auf der anderen Seite.

6 Ziehen Sie die eingeklappte Lasche heraus.

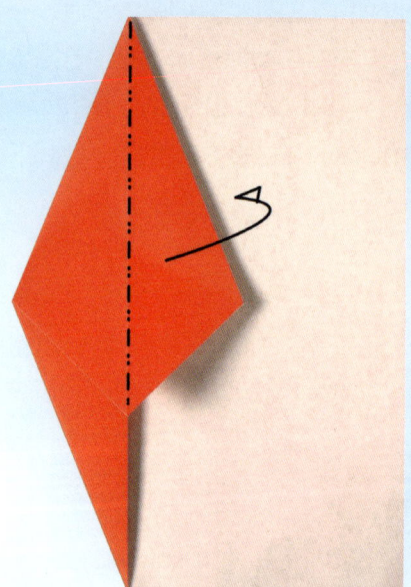

8 Klappen Sie den farbigen Teil nach rechts.

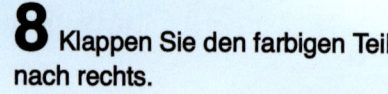

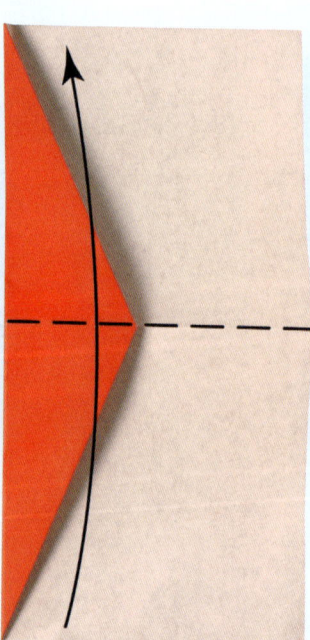

7 Klappen Sie die Lasche ganz nach innen.

9 Falten Sie das Blatt an der Mittellinie zusammen.

10 Beide Flügel nach unten klappen, sodass ein schmaler Rumpf entsteht.

11 Dies ist die Grundform, die Sie variieren können.

12 Hier sind zwei Wingtips nach oben gefaltet worden. Falten Sie sie auch einmal nach

unten und vergleichen dann.

13 Weitere Falze führen zu einer komplexeren Form.

14 Sie können das so weit treiben, wie Sie wollen, aber prüfen Sie nach jedem Schritt, ob die Flugeigenschaften sich verbessert oder verschlechtert haben.

TIPPS ZUM FLIEGEN

Abwurf
Experimentieren Sie!

Trimmen
Experimentieren Sie!

Kreative Vorschläge
Experimentieren Sie!

Halten Sie Ihr Flugzeug so.

Canard

Traditionell, bearbeitet von **Nick Robinson.**
Dies ist eine recht bekannte Variation des klassischen Pfeils,
bei dem die ursprünglichen Ecken nach außen zeigen, anstatt nach
innen gefaltet zu werden. Der Begriff *Canard* (was im Französischen
„Ente" heißt) bezieht sich auf ein Flugzeug mit einer Art Stabilisatoren
am vorderen Ende.

2 Drehen Sie das Papier um und klappen die gefalteten Kanten zum Mittelfalz. Lassen Sie die Ecken nach außen klappen. Falten Sie das Blatt wieder auseinander.

1 Beginnen Sie mit einem DIN-A4-Blatt oder einem ähnlichen Rechteck, das in der Mitte gefaltet ist. Falten Sie zwei Ecken zum Mittelfalz.

3 Klappen Sie die untere Kante zu dem Falz, den Sie im letzten Schritt gemacht haben. Dieser Schritt gehört nicht zum traditionellen Design.

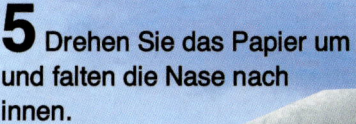

5 Drehen Sie das Papier um und falten die Nase nach innen.

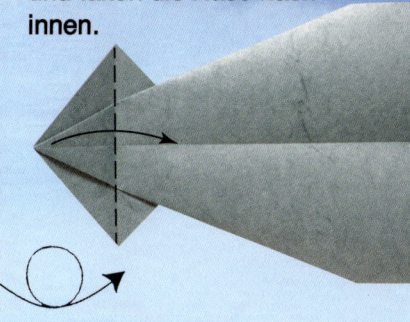

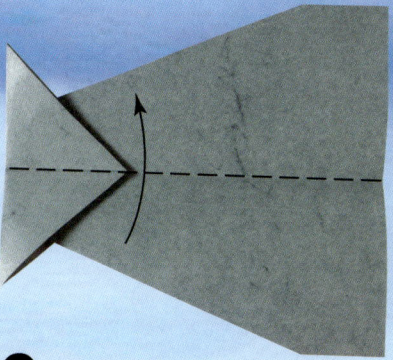

4 Falten Sie die Klappen erneut entlang der bestehenden Falze.

6 Dies ist das Ergebnis. Falten Sie das Blatt entlang der Mittellinie.

7 Klappen Sie beide Tragflächen zur Unterkante des Rumpfes.

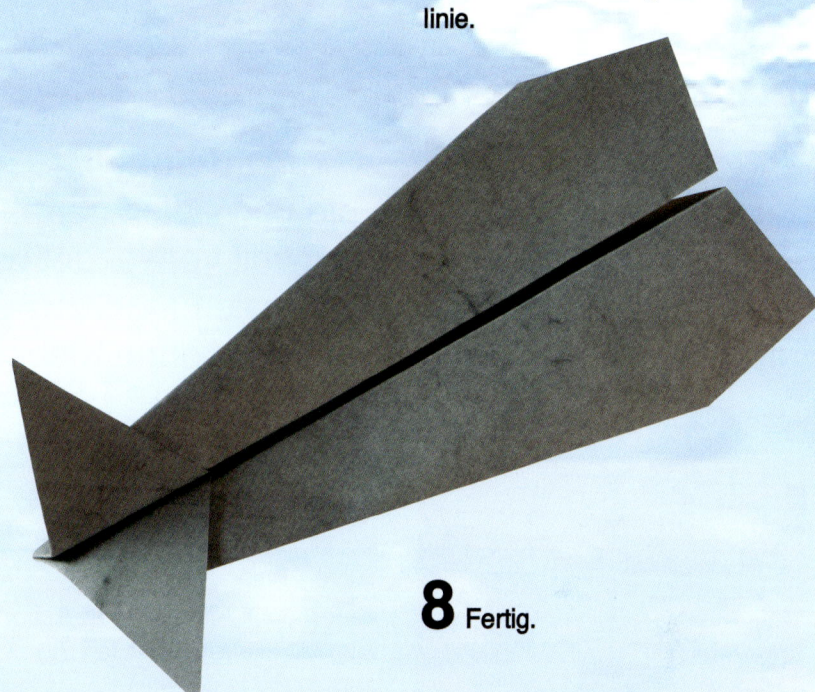

8 Fertig.

TIPPS ZUM FLIEGEN

Abwurf
Werfen Sie den Flieger sanft in einem leichten Aufwärtswinkel

Trimmen
Die Klappen vorne und die Tragflächen beeinflussen sich gegenseitig.

Kreative Vorschläge
Können Sie noch ein anderes Flugzeug mit „Entenflügeln" bauen?

Halten Sie Ihr Flugzeug so.

Meisterschaft

Traditionell.

Dies ist die Grundform, die von vielen der augenblicklichen Rekord-
halter in der Papierflugzeugwelt verwendet wird. Sie fügen allerdings
einen Klebestreifen hinzu, um die Flügel zusammenzuhalten. Sie werden sehen, dass das Modell auch ohne Klebestreifen wunderbar fliegt.

2 Klappen Sie die linken Ecken
zum Mittelfalz. Vergessen Sie
den „fudge factor" nicht.

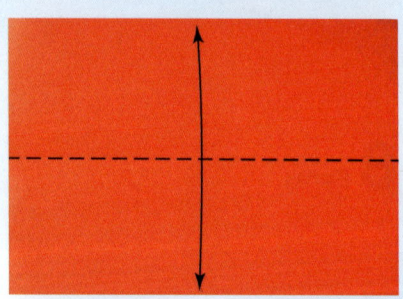

1 Beginnen Sie mit einem
DIN-A4-Blatt. Legen Sie die
beiden Längsseiten aufeinander,
falzen das Blatt in der Mitte und
klappen es wieder auseinander.

3 Falten Sie die dreieckige
Spitze entlang der Innenkante
nach rechts.

4 Falten Sie die beiden Ecken wie in Schritt 2. Auseinanderfalten.

5 Machen Sie einen Bergfalz entlang der Mittellinie. Klappen Sie die Ecken in einem spitzen Winkel vom Endpunkt des Falzes nach innen. Drehen Sie das Blatt um und wiederholen Sie dies für die andere Seite.

6 Falten Sie das Blatt wieder auseinander, sodass es aussieht wie zu Beginn von Schritt 4. Klappen Sie

die Ecken entlang der bestehenden Falze nach innen.

7 Das ist das Ergebnis. Falten Sie die kleine Spitze über die losen Klappen, um sie festzustellen. Machen Sie jetzt einen Bergfalz in der Mitte.

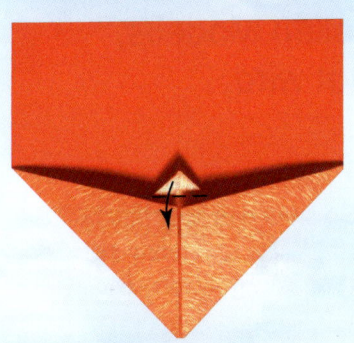

8 Klappen Sie die Tragflächen nach unten. Der Falz beginnt an der Spitze der Nase und läuft durch die Ecke des kleinen Dreiecks.

9 Fertig.

TIPPS ZUM FLIEGEN

Abwurf
Werfen Sie das Flugzeug fest nach vorn, probieren Sie aber auch verschiedene andere Abwurfwinkel.

Trimmen
Wie immer: Stellen Sie die Neigung der Tragflächen ein.

Kreative Vorschläge
Verändern Sie den Winkel, in dem die Tragflächen in Schritt 8 gefaltet werden.

Halten Sie Ihr Flugzeug so.

Ring

von **Nick Robinson.**
Es gibt nur wenige kreisförmige Modelle, die fliegen.
Dies ist eine Variation eines ähnlichen traditionellen Modells,
das aus einem quadratischen Blatt gefaltet wird.

1 Beginnen Sie mit einem DIN-A4-Blatt oder einem ähnlichen Rechteck. Falten Sie das Blatt so,

dass die linke untere Ecke auf der rechten oberen liegt.

2 Falten Sie das Blatt in der Mitte.

3 So sieht das aus. Machen Sie scharfe Falze und falten dann das Blatt vollständig auseinander.

4 Sie haben jetzt einen diagonalen Falz von einer Ecke zur gegenüberliegenden. Falten Sie das Blatt entlang dieses Falzes.

5 Machen Sie einen Kniff, um die Mitte des ersten Falzes zu markieren.

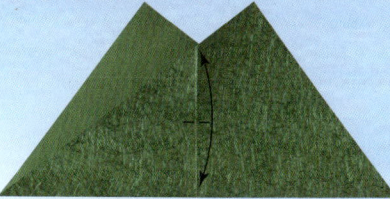

6 Klappen Sie die gefalzte Kante bis zu dieser Markierung um.

7 Falten Sie die äußere Kante vorsichtig zur inneren Kante. Falzen und auseinanderfalten.

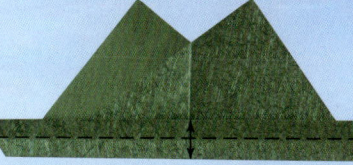

8 Formen Sie eine Röhre und stecken Sie das eine Ende in das andere.

9 Zum Schluss falten Sie das Papier entlang des Falzes aus Schritt 7, um die Röhre zusammenzuhalten. Achten Sie darauf, dass Sie die ineinandergreifenden Laschen festhalten, wenn Sie mit diesem Schritt beginnen.

10 Wenn alles sitzt, gehen Sie mit dem Finger rundherum über die Kante, um sie gleichmäßig rund zu formen.

11 Fertig.

TIPPS ZUM FLIEGEN

Abwurf
Der dünne Teil des Rings sollte nach oben zeigen. Halten Sie den Flieger an den Seiten oder am hinteren Ende unten und werfen ihn mit mittlerer Geschwindigkeit nach vorn.

Kreative Vorschläge
Verschieben Sie den Falz in Schritt 6. Versuchen Sie das Modell aus einem quadratischen Blatt zu falten.

Halten Sie Ihr Flugzeug so.

Radford

von **Nick Robinson.**
Diese nette Reihe von Falzen lässt einen Gleiter entstehen,
der ganz ordentlich funktioniert. Er trägt seinen Namen in Erinnerung
an Mark Radford, einen Origami-Freund des Autors.

1 Beginnen Sie mit einem in der Mitte gefalzten DIN-A4-Blatt. Falten Sie eine Ecke bis zur Mittellinie. Wiederholen Sie diesen Schritt mit der benachbarten Ecke.

2 Klappen Sie die Spitze auf die beiden Ecken.

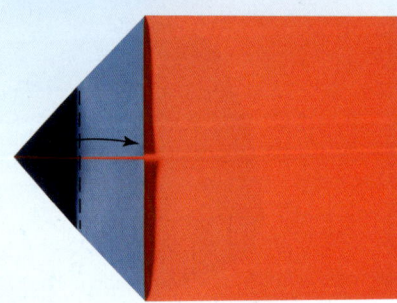

3 Falten Sie den dicken Teil entlang der Innenkante.

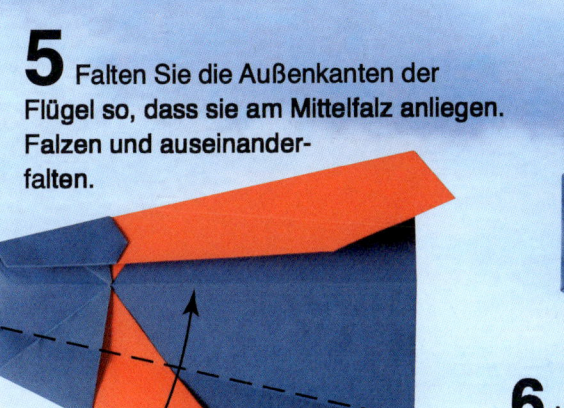

5 Falten Sie die Außenkanten der Flügel so, dass sie am Mittelfalz anliegen. Falzen und auseinanderfalten.

6 Kehren Sie die Richtung der Falze um, sodass Sie die kleinen Spitzen nach innen umklappen können.

4 Drehen Sie das Papier um. Wenn Sie das Papier glattstreichen, spüren Sie die verborgene Kante darunter. Falten Sie die Spitzen des dicken Teils so, dass sie den Mittelfalz an dieser Stelle berühren.

7 Falten Sie mithilfe der bestehenden Falze die klassische Papierflugzeugform.

8 Fertig.

Halten Sie Ihr Flugzeug so.

TIPPS ZUM FLIEGEN

Abwurf
Mittlere Stärke in einem leichten Aufwärtswinkel.

Trimmen
Die Tragflächen sollten einen leichten Aufwärtswinkel aufweisen (dihedral).

Kreative Vorschläge
Verändern Sie die Abstände in Schritt 2 und 3.

Das fliegende Quadrat

von **Nick Robinson.**

Dieser Entwurf ist ungewöhnlich, weil er mit einem Quadrat beginnt und als Quadrat fertig ist. Die verschiedenen Papierlagen sind so angelegt, dass der Schwerpunkt deutlich nach vorne verlagert ist. Das gewährleistet einen Gleitflug.

2 Drehen Sie das Blatt um 90° und halbieren es erneut von Ecke zu Ecke. Klappen Sie dann die rechte Ecke zur Spitze. Das Bild rechts zeigt diesen Schritt nach der Ausführung.

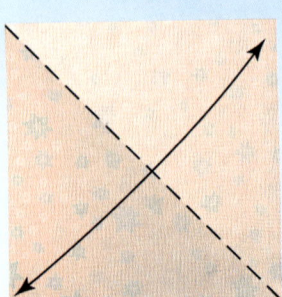

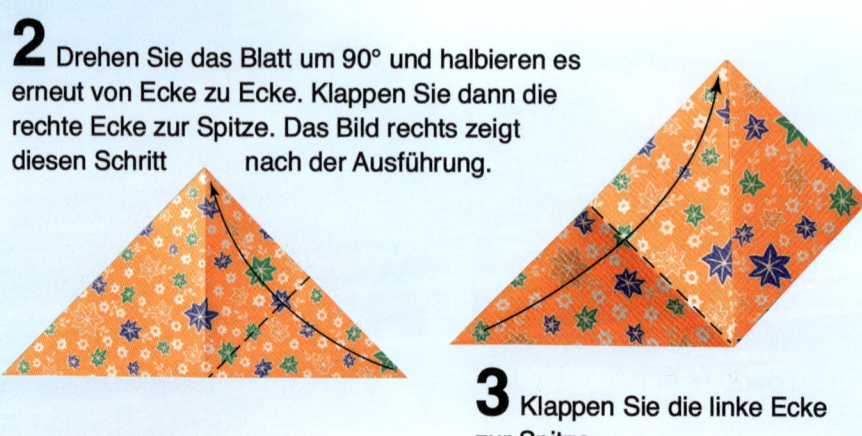

1 Beginnen Sie mit einem Quadrat mit der weißen Seite nach oben. Halbieren Sie das Blatt von Ecke zu Ecke. Falzen und auseinanderfalten.

3 Klappen Sie die linke Ecke zur Spitze.

4 Falten Sie die beiden Dreiecke in der Mitte auf sich zu. Links im Bild sieht man den fertigen Schritt.

5 Klappen Sie die beiden waage-
recht liegenden Innenkanten auf die
unteren Außenkanten. Die fertige
Faltung sieht
man links
im Bild.

6 Falten Sie das Blatt wieder
vollständig auseinander und drehen Sie es auf die weiße Seite.
Verändern Sie die Richtung der
Falze wie im Bild angezeigt.

7 Bringen Sie Ihr Blatt Papier
jetzt in eine dreidimensionale
Form, indem Sie die von Ihnen
abgewandte Ecke zu sich
heranziehen. Das
Papier wird zu
einem kleinen
Quadrat
zusammen-
klappen.
Zur Orien-
tierung
schauen Sie
auf das nächste
Bild.

8 So sollte das Ergebnis aussehen.
Wenn nicht, falten Sie alles wieder
auseinander und überprüfen Sie, ob
Sie die richtigen Berg- und Talfalze
benutzt haben. Benutzen Sie die bestehenden Falze, um die kleinen
Laschen in die Taschen zu schieben.

9 Eine Lasche ist bereits an
ihrem Platz, die andere muss
noch eingeschlagen werden.

10 Zum Schluss biegen
Sie die Ecken nach
oben.

TIPPS ZUM FLIEGEN

Abwurf
Halten Sie den Flieger an der hin-
teren Ecke über Ihren Kopf und
werfen Sie ihn mit einem sanften
Schwung nach vorn. Versuchen
Sie's von einem hohen Gebäude!

Trimmen
Die Spitzen der Tragflächen sollten nach oben gebogen sein.

Halten Sie Ihr Flugzeug so.

Sallas

von **Nick Robinson.**

Dieses Modell wurde nach der begabten deutschen Designerin Joan Sallas benannt. Man beginnt hier mit einem kleineren Blatt Papier als dem üblichen DIN A4. Sie können übrigens auch viele der anderen Modelle in diesem Buch aus einem kleineren Blatt falten, um zu sehen, wie sie dann fliegen.

1 Beginnen Sie mit einem DIN-A5-Blatt mit einem Mittelfalz. Klappen Sie die beiden Schmalseiten aufeinander und machen

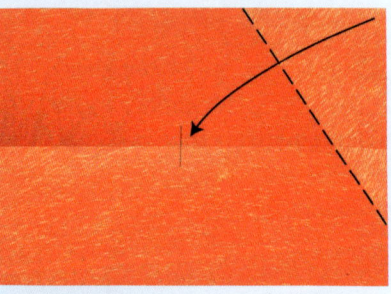

2 Klappen Sie eine Ecke auf den Mittelpunkt.

3 Wiederholen Sie diesen Schritt mit der benachbarten Ecke.

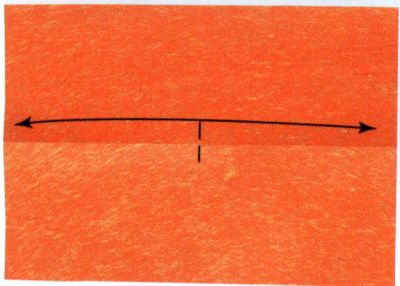

Sie zur Markierung des Mittelpunktes einen Kniff.

5 Drehen Sie das Papier um und falten die Hälften der Schmalseite zum Mittelfalz.

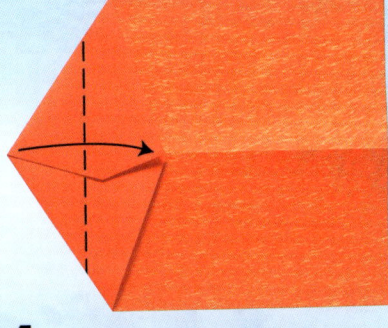

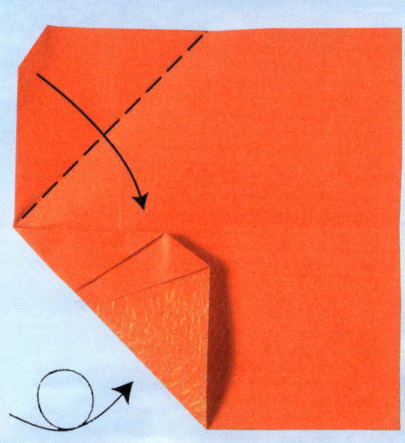

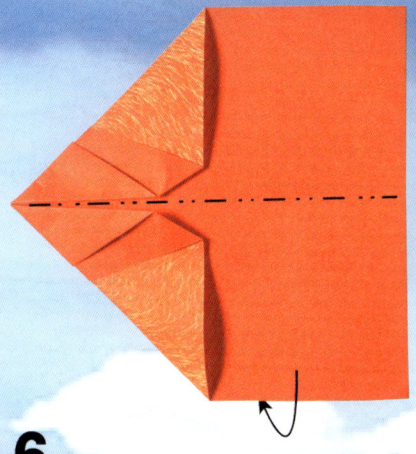

4 Jetzt klappen Sie die Spitze auf denselben Punkt.

6 Falten Sie das Flugzeug in der Mitte.

7 Klappen Sie die Tragflächen entlang des gestrichelten Falzes um.

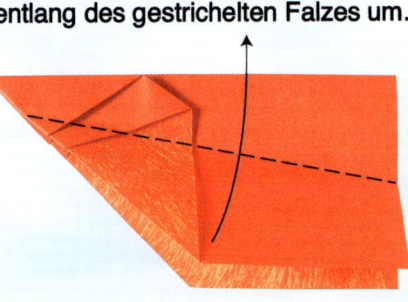

8 Fertig.

TIPPS ZUM FLIEGEN

Abwurf
Mäßige Geschwindigkeit, geradeaus.

Trimmen
Halten Sie die Tragflächen nahezu horizontal.

Kreative Vorschläge
Ändern Sie die Neigungswinkel der Tragflächen.

Halten Sie Ihr Flugzeug so.

Dreidecker

von **Nick Robinson.**
Im Gegensatz zu den meisten anderen Papierflugzeugen besteht
dieses Modell aus 60°-Winkeln. Es ist ganz leicht, diesen Winkel
zu falten, und es gibt viele spannende Entwürfe auf dieser Grundlage,
die nur darauf warten, entdeckt zu werden.

1 Beginnen Sie mit einem in der
Mitte gefalteten Quadrat. Klappen
Sie die beiden Kanten zum Mittelfalz.

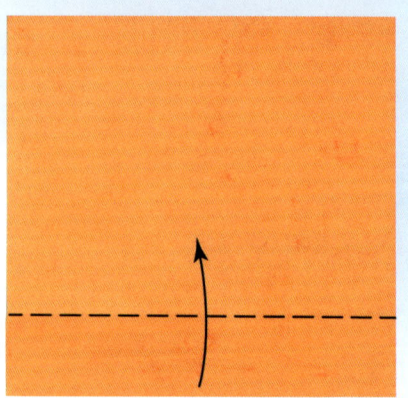

2 Dies ist das Ergebnis.
Drehen Sie das Blatt um.

3 Klappen Sie eine Kante zum
Mittelfalz und machen Sie einen
leichten Falz über etwa ein Drittel
des Blattes.

4 Machen Sie einen Falz, der in der Mitte der Schmalseite beginnt. Die Ecke, die Sie einklappen, sollte den Falz berühren, den Sie im letzten Schritt gemacht haben.

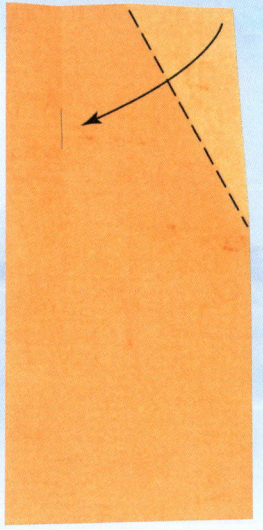

5 Drehen Sie das Papier und klappen die andere Ecke so ein, dass sie an dem Falz liegt, den Sie im letzten Schritt gemacht haben.

6 Falten Sie das Blatt vollständig auseinander: Sie können die gleichschenkligen Dreiecke mit den 60°-Winkeln erkennen. Klappen Sie das Papier ein,

sodass Ihr Falz durch die inneren Ecken der Dreiecke verläuft.

7 Benutzen Sie die bestehenden Falze, um eine Ecke zur Außenkante zu klappen, wodurch die Außenkante abgeflacht wird.

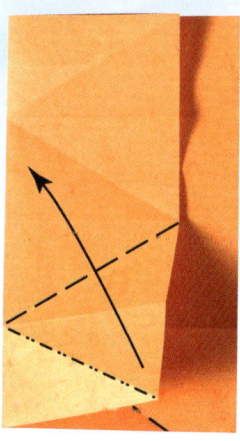

8 Wiederholen Sie diesen Schritt mit der anderen Ecke.

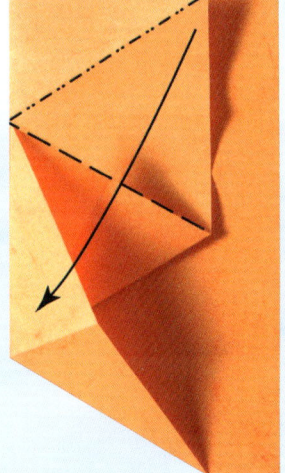

9 Ziehen Sie die unterste Lage Papier heraus und schieben Sie die Spitze in die entstandene Tasche.

PAPIERFLUGZEUGE BAUEN

11 Klappen Sie die gefaltete Vorderkante einer Tragfläche zum Mittelfalz ein. Wiederholen Sie das mit der anderen Tragfläche.

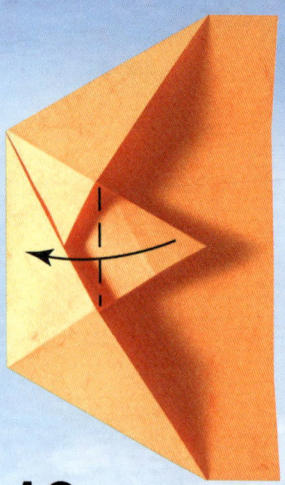

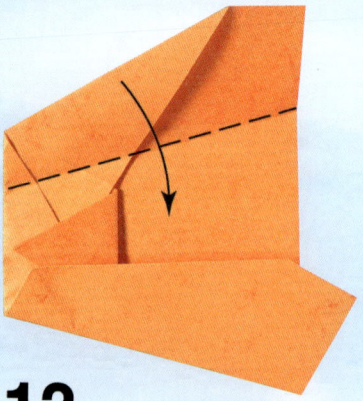

10 Klappen Sie die Spitze ein.

12 Falten Sie die klassische Flugzeugform, um das Modell fertigzustellen.

13 Fertig.

TIPPS ZUM FLIEGEN

Abwurf
Mäßige bis hohe Geschwindigkeit in eine beliebige Richtung.

Trimmen
Passen Sie die Neigungswinkel der Tragflächen an.

Kreative Vorschläge
Beginnen Sie bei Schritt 6, ein eigenes Flugzeug zu entwerfen.

Halten Sie Ihr Flugzeug so.

Alison

von **Nick Robinson**.

Es handelt sich hier um einen langsamen, stabilen Gleiter, der nicht auf der bekannten „Schmalseite-zur-Mitte"-Technik vieler Flugzeuge beruht. Stattdessen wird das Papier in der Mitte gefaltet, und dann wird die Hälfte des Papiers zur Nase hin zurückgeschlagen, um den richtigen Schwerpunkt zu erhalten.

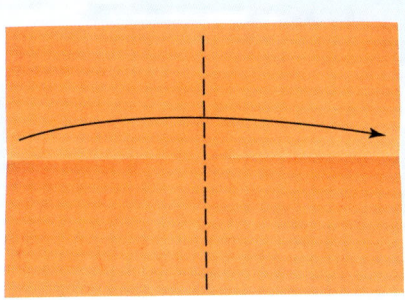

1 Beginnen Sie mit einem DIN-A4-Blatt oder einem ähnlichen Rechteck, das längs einen Mittelfalz aufweist. Klappen Sie die Schmalseiten zusammen.

2 Falten Sie die Außenkanten zum Mittelfalz.

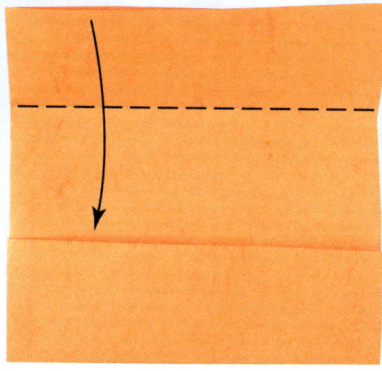

3 Klappen Sie die kurzen Kanten der oberen Lage zu den Längsseiten. Falzen und auseinanderfalten.

PAPIERFLUGZEUGE BAUEN

4 Klappen Sie die obere Papierlage nach außen und streichen dann die hochstehende Ecke entlang der bestehenden Falze zu einem Dreieck glatt.

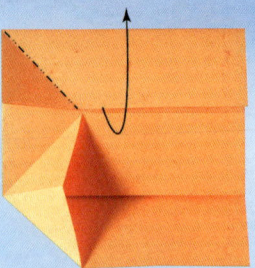

6 Falten Sie die Unterkante zur Oberkante des Teils, den Sie gerade gefaltet haben. Wiederholen Sie das Ganze auf der anderen Seite.

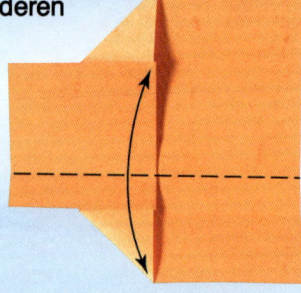

5 Klappen Sie den Mittelteil nach links.

7 Drehen Sie das Blatt um und falten die Lasche um die gefaltete Kante herum. Falzen und auseinanderfalten – zurück zu Schritt 5.

8 Mithilfe der Falze aus Schritt 5 und 7 stecken Sie die mittlere Lasche in die Tasche.

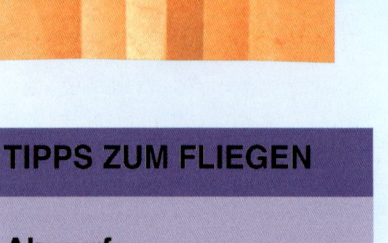

9 Falzen Sie den Mittelfalz an der Nase noch einmal nach. Bringen Sie den Flieger in die Form, die Sie im letzten Bild sehen.

TIPPS ZUM FLIEGEN

Abwurf
Halten Sie das Flugzeug im Schwerpunkt. Werfen Sie es mit einem sanften Vorwärtsschub ab.

Trimmen
Justieren Sie die verschiedenen Winkel der Tragflächen.

Kreative Vorschläge
Überlegen Sie sich einen fantasievollen Gebrauch für das „überflüssige" Papier in Schritt 8.

Halten Sie Ihr Flugzeug so.

Stump

von **Nick Robinson.**

Dies ist ein weiteres Beispiel dafür, wie ein traditionelles Design mit neuen Ideen weiterentwickelt werden kann. Hier wird etwas von dem überschüssigen Papier an der Nase dazu benutzt, diesen Teil zusammenzuhalten und so das Modell im Flug stabiler zu machen.

1 Beginnen Sie mit einem DIN-A4-Blatt oder einem ähnlichen Rechteck, das längs einen Mittelfalz aufweist. Klappen Sie wie

beim Falken eine kurze Kante auf beiden Seiten zur Längskante.

2 Drehen Sie das Blatt um und klappen Sie die Ecken so um, dass sie auf den Endpunkten der diagonalen Falze liegen.

3 Drehen Sie das Blatt wieder um und falten Sie es entlang der bestehenden Falze so zusammen, dass eine dreieckige Spitze entsteht.

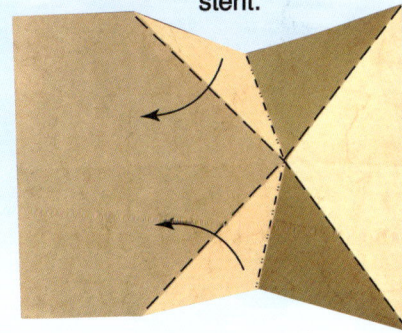

PAPIERFLUGZEUGE BAUEN

4 Klappen Sie die Ecken des Dreiecks nach innen.

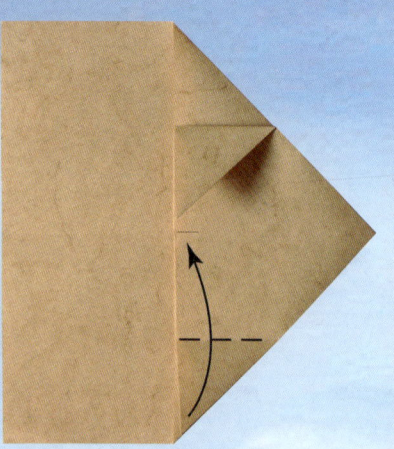

6 Falten Sie die äußere Ecke des kleinen Quadrats nach innen und machen dann entlang der neu entstandenen Kante einen Falz über die gesamte Länge des Flugzeugs. Es sind einige Lagen Papier, falten Sie daher vorsichtig. Wiederholen Sie das Ganze auf der anderen Seite.

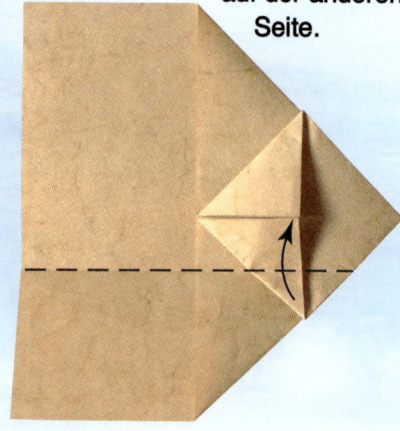

5 Falten Sie die Ecken nach innen.

7 Klappen Sie die Nase zum Mittelpunkt des Quadrats.

9 Falten Sie den Rumpf in der Mitte und schlagen eine Lasche über die andere, um den Rumpf zusammenzuhalten.

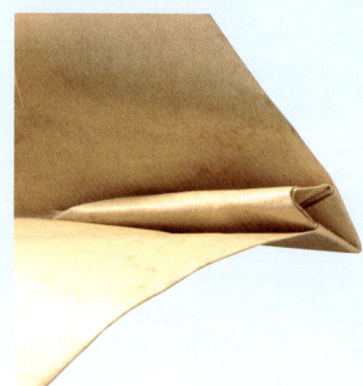

8 Klappen Sie die untere linke Kante des Quadrats zur Mitte. Wiederholen Sie das auf der anderen Seite, aber lassen Sie wegen der Dicke des Papiers einen breiten Spalt frei.

10 Falten Sie die Tragflächen nach unten.

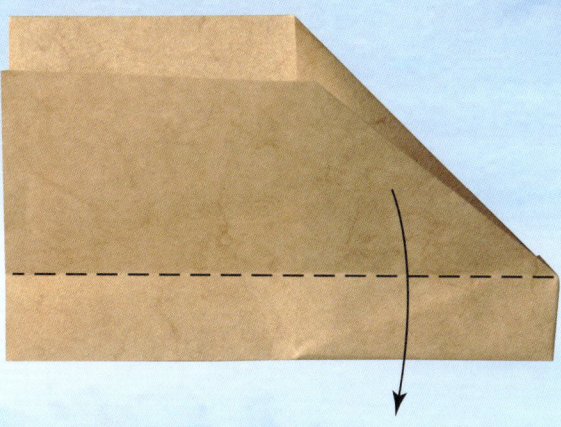

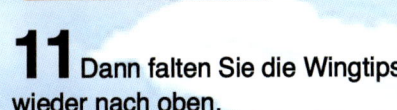

11 Dann falten Sie die Wingtips wieder nach oben.

12 Fertig.

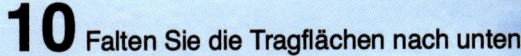

TIPPS ZUM FLIEGEN

Abwurf
Sanfte bis maßige Geschwindigkeit, direkt nach vorn.

Trimmen
Justieren Sie den Neigungswinkel der Tragflächen.

Kreative Vorschläge
Versuchen Sie radikale Änderungen an der Form der Tragflächen.

Halten Sie Ihr Flugzeug so.

Starfighter

von **Nick Robinson.**
Dieses Modell braucht zwei Lagen Papier, zunächst einmal,
um doppelte Wingtips zu gestalten. Es gibt nur wenige Modelle
mit dieser Art von Tragflächen – versuchen Sie doch einmal,
ein eigenes Design zu entwickeln.

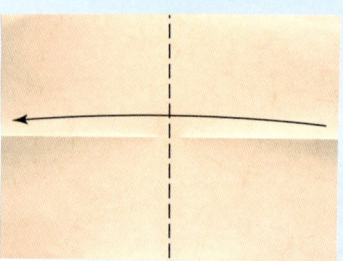

1 Beginnen Sie mit einem DIN-A4-Blatt, das längs einen Mittelfalz aufweist. Klappen Sie die Schmalseiten aufeinander.

2 Klappen Sie die gefalteten Kanten zur Mitte. Kräftig falzen und auseinanderfalten.

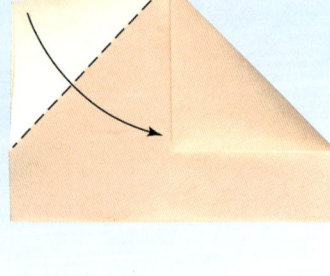

3 Falten Sie die Kante zu dem Falz, den Sie im letzten Schritt gemacht haben, dann falten Sie das Blatt wieder auseinander.

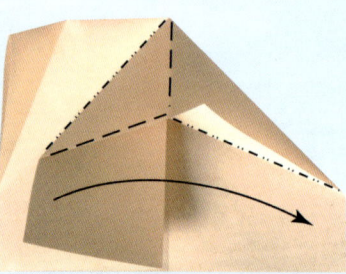

4 Verändern Sie die Falze soweit notwendig. Machen Sie aus dem längsten einen Bergfalz, aus dem kürzeren einen Talfalz, und zwar in beiden Papierlagen. Wenn Sie dann die Falze in Position bringen, wird das Papier in die gezeigte Form klappen. Betrachten Sie das Bild sehr genau!

5 Wiederholen Sie dies bei der anderen Tragfläche.

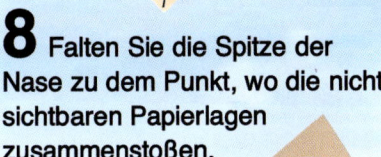

8 Falten Sie die Spitze der Nase zu dem Punkt, wo die nicht sichtbaren Papierlagen zusammenstoßen.

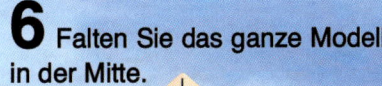

6 Falten Sie das ganze Modell in der Mitte.

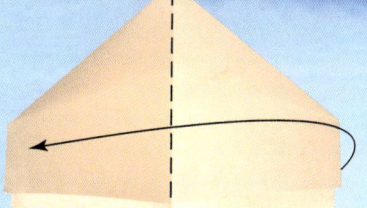

9 Klappen Sie die Lasche noch einmal um.

7 Machen Sie einen Falz, um den Rumpf zu formen. Die genaue Position ist dabei nicht wichtig. Sie können dies auch in zwei Schritten tun, indem Sie jede Tragfläche für sich falten.

10 Nehmen Sie die Kanten der Nasenpartie als Anhaltspunkt für die Faltung der Wingtips. Wiederholen Sie diesen Schritt bei den drei anderen Laschen.

11 Klappen Sie das Blatt zu dieser Form auseinander. Fertig.

TIPPS ZUM FLIEGEN

Abwurf
Abwurf mit Schwung, in den meisten Abwurfwinkeln möglich.

Trimmen
Halten Sie die Tragflächen im rechten Winkel zum Rumpf. Justieren Sie die Wingtips symmetrisch.

Kreative Vorschläge
Versuchen Sie andere Tragflächenprofile.

Halten Sie Ihr Flugzeug so.

Landscape

von **Nick Robinson.**

Dieses Flugzeug wird so genannt, weil man dafür – anders als bei den meisten anderen Papierflugzeugen – ein Blatt Papier im Landscape-Format oder Querformat braucht, also breiter als hoch. Die meisten Modelle benötigen ein Blatt Papier im Hochformat. Wenn Sie wirklich originelle Designs entwickeln möchten, haben Sie bei dieser Anordnung die größten Chancen.

2 Klappen Sie die Außenkante zu dem Falz, den Sie gerade gemacht haben. Falzen und auseinanderfalten.

1 Beginnen Sie mit einem DIN-A4-Blatt oder einem ähnlichen Rechteck mit einem Mittelfalz in Querrichtung. Klappen Sie die untere rechte Ecke zur Mitte der oberen Kante. Scharf falzen und auseinanderfalten.

3 Wiederholen Sie Schritt 1 auf der linken Seite.

4 Klappen Sie die rechte Kante entlang der bestehenden Falze zweimal ein. Machen Sie einen Talfalz von der linken unteren Ecke zum Endpunkt des letzten Falzes.

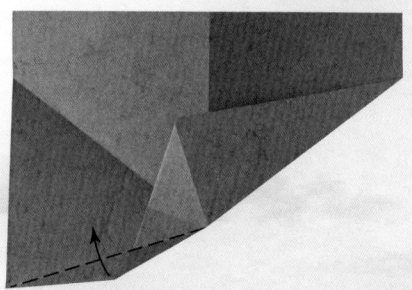

5 Machen Sie auf der linken Seite einen Falz wie in Schritt 2.

6 Benutzen Sie die bestehenden Falze, um das Blatt umzuschlagen und unter der Papierlage auf der rechten Seite festzustecken.

7 Machen Sie in der Mitte einen Bergfalz.

8 Falten Sie den größten Teil des Flügels von sich weg – die genaue Lage dieses Falzes ist ohne Bedeutung.

9 Klappen Sie die Tragfläche in einem scharfen Winkel zurück, sodass die Ecke des Wingtips über die hintere Kante des Flugzeugs hinausragt.

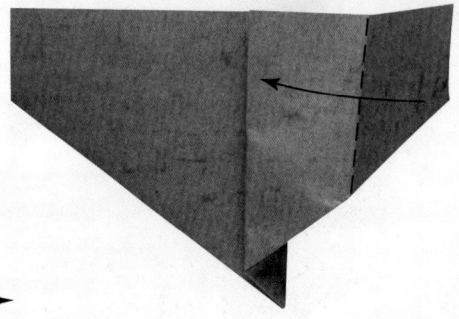

10 Falten Sie den Wingtip zurück zur Außenkante, sodass die Hinterkante eine Vertikale bildet.

11 Wiederholen Sie die letzten drei Schritte an der anderen Tragfläche.

TIPPS ZUM FLIEGEN

Abwurf
Öffnen Sie die Flügel, wie im letzten Bild zu sehen. Werfen Sie das Flugzeug mit mittlerer Stärke in einem leichten Aufwärtswinkel.

Trimmen
Der äußere Teil der Tragflächen sollte im selben Winkel stehen wie die großen Flächen der Flügel.

Kreative Vorschläge
Beginnen Sie mit Schritt 8 und gestalten Sie Ihr eigenes Design.

Halten Sie Ihr Flugzeug so.

Nadelpfeil

von **Nick Robinson.**

Dies ist ein ultramodernes Design – schnittig und elegant. Hier kommt die „Squash"-Technik aus dem traditionellen Origami zum Einsatz.

1 Beginnen Sie mit einem in der Mitte gefalzten DIN-A4-Blatt. Falten Sie zwei Ecken zum Mittelfalz.

2 Klappen Sie auch die gefalteten Kanten zum Mittelfalz.

3 Drehen Sie das Papier um und falten Sie die Kanten an der Spitze zur Mitte. Diese Falze müssen sich nur über ungefähr ein Drittel des Blattes erstrecken.

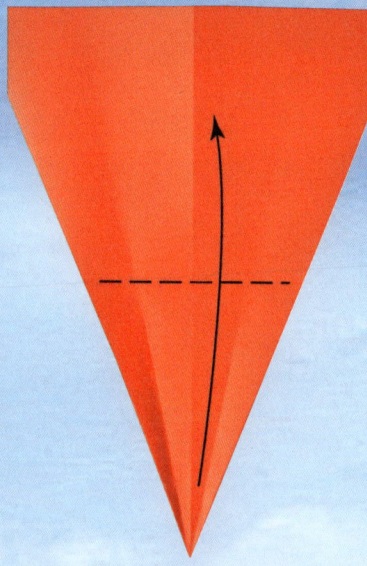

5 Klappen Sie jetzt die Spitze wieder zurück. Der Falz liegt entlang der nicht sichtbaren Falzkante darunter.

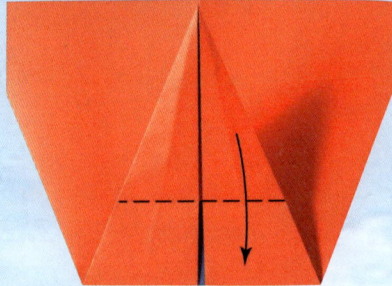

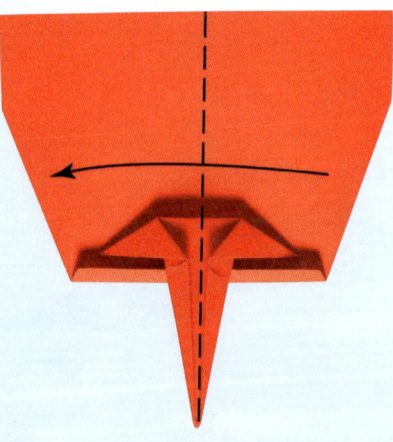

4 Klappen Sie die Spitze zum Heck.

6 Falten Sie die Kanten der Spitze zur Mitte. Drücken Sie das Papier an der Basis der Spitze vorsichtig zusammen. Zur Orientierung vergleichen Sie das nächste Bild. Wiederholen Sie diesen Schritt auf der anderen Seite.

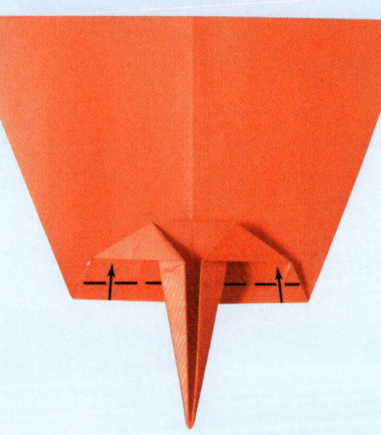

7 Halbieren Sie die kleine Kante unter der Spitze.

8 Klappen Sie das Flugzeug am Mittelfalz zusammen.

9 Klappen Sie die Tragflächen um. Der Falz liegt in der Fortsetzung der Oberkante der spitzen Nase. Falzen und auseinanderfalten.

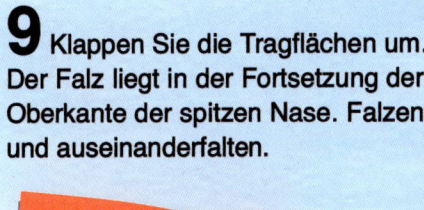

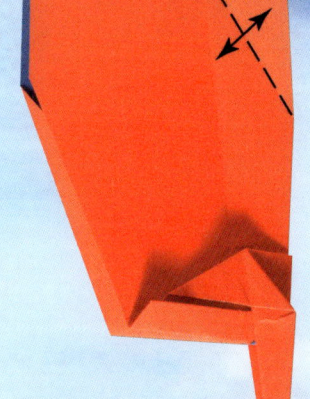

10 Falten Sie das Seitenruder vor.

11 Klappen Sie das Ruder nach innen, sodass es oben aus dem Rumpf herausragt.

12 Fertig.

TIPPS ZUM FLIEGEN

Abwurf
Gleichmäßige Geschwindigkeit, leicht nach oben.

Trimmen
Wie immer: die Tragflächen.

Kreative Vorschläge
Versuchen Sie andere Tragflächenprofile.

Halten Sie Ihr Flugzeug so.

Mauersegler

von **Kunihiko Kasahara.**
Kasahara ist einer der profiliertesten Origami-Designer der Welt.
Hier zeigt er sein Können mit einem außerordentlichen Kunstflug-
Stuntflugzeug, das durch die Luft saust und dabei
die Richtung ändert wie ein Mauersegler im Flug.

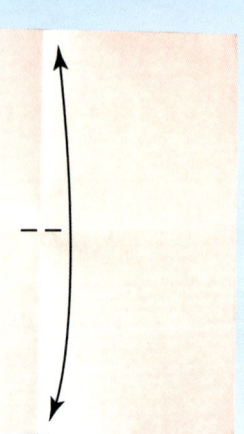

2 Klappen Sie eine Seitenkante
bis zu dieser Markierung.

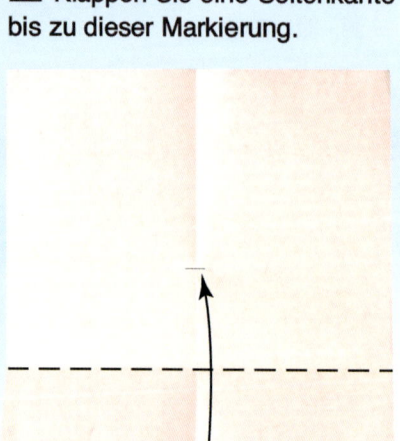

1 Beginnen Sie mit einem
Quadrat mit einem Mittelfalz.
Klappen Sie die Endpunkte des
Falzes aufeinander und machen
Sie einen kleinen Kniff, um den
Mittelpunkt des Blattes zu
markieren.

3 Falten Sie beide Ecken bis
zur Innenkante.

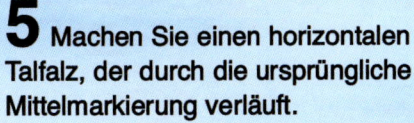

5 Machen Sie einen horizontalen Talfalz, der durch die ursprüngliche Mittelmarkierung verläuft.

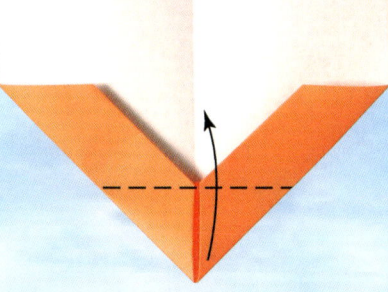

4 Falten Sie die eingeklappten Ecken noch einmal nach innen, sodass die gefaltete Kante vor Ihnen am Mittelfalz liegt. Lassen Sie einen kleinen Spalt frei.

6 Klappen Sie die Spitze wieder nach außen. Die genaue Position dieses Falzes ist ohne Bedeutung.

8 Machen Sie einen Falz, der in der Mitte der Tragflächenhinterkante beginnt und durch den Punkt verläuft, wo die beiden gefalzten Kanten übereinanderliegen. Machen Sie sich diesen Schritt klar, bevor Sie falten. Wiederholen Sie das Ganze mit der anderen Tragfläche.

7 Klappen Sie das Blatt mit einem Bergfalz in der Mitte zusammen.

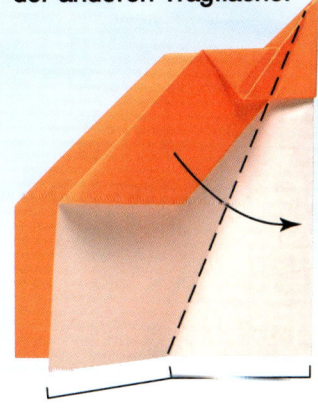

9 Falten Sie einen Talfalz vor, mit dem später das Seitenruder gebildet wird.

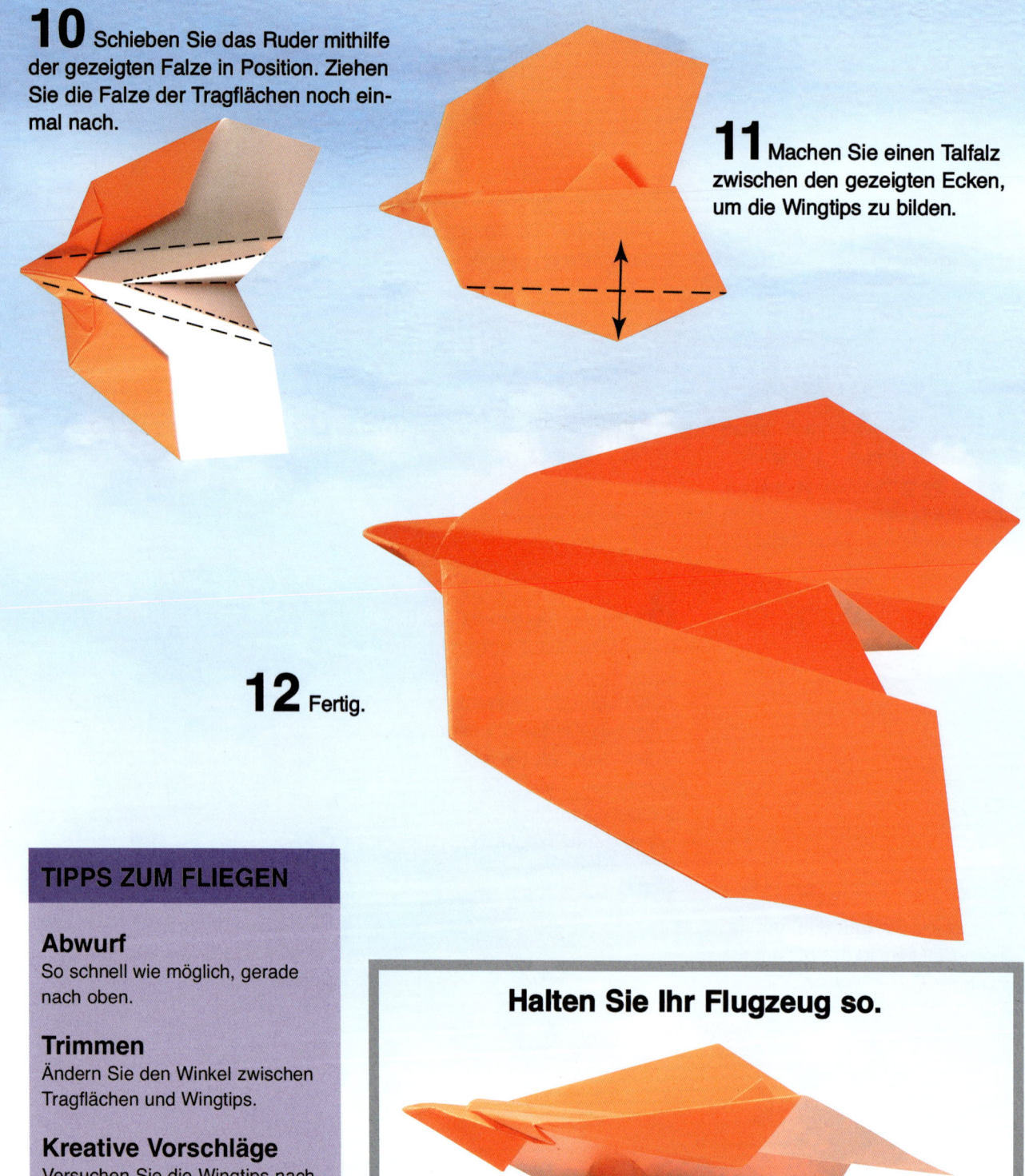

10 Schieben Sie das Ruder mithilfe der gezeigten Falze in Position. Ziehen Sie die Falze der Tragflächen noch einmal nach.

11 Machen Sie einen Talfalz zwischen den gezeigten Ecken, um die Wingtips zu bilden.

12 Fertig.

TIPPS ZUM FLIEGEN

Abwurf
So schnell wie möglich, gerade nach oben.

Trimmen
Ändern Sie den Winkel zwischen Tragflächen und Wingtips.

Kreative Vorschläge
Versuchen Sie die Wingtips nach unten statt nach oben zu falten.

Halten Sie Ihr Flugzeug so.

Martin

von **Rikki Donachie.**
Dies ist ein sehr ausgeklügeltes Design mit einer klaren, fließenden Reihenfolge von Falzen. Zwei kleine Klappen, die zum Schluss gefaltet werden, dienen dem Abwurf.

2 Klappen Sie die gefalzten Kanten zur Innenkante und falzen Sie sie bis zum Mittelfalz. Wieder auseinanderfalten.

1 Beginnen Sie mit einem DIN-A4-Blatt, das in der Mitte gefalzt ist. Klappen Sie die beiden Ecken an einem Ende zum Mittelfalz.

3 Klappen Sie die gefalzten Kanten zum Mittelfalz und falzen Sie sie bis zum Falz aus Schritt 2.

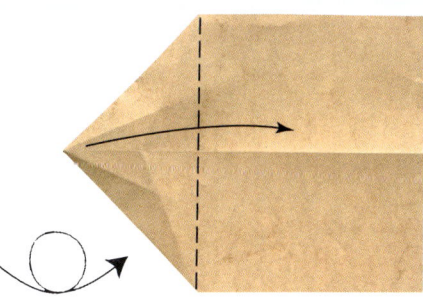

4 Drehen Sie das Papier um und klappen das Dreieck nach rechts.

PAPIERFLUGZEUGE BAUEN

5 Klappen Sie die Spitze unter Ausnutzung der bestehenden Falze nach unten und streichen Sie sie glatt.

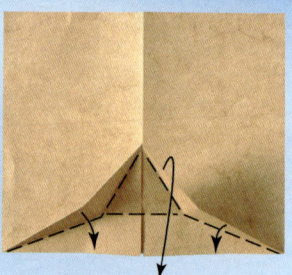

Zwei kleine Bergfalze entstehen beim Glattstreichen.

6 Dies ist das Ergebnis. Drehen Sie das Papier um.

7 Klappen Sie die beiden äußeren Ecken zur Mitte.

10 Falten Sie zwei kleine Klappen nach außen, an denen Sie das Flugzeug beim Abwurf halten können.

9 Falten Sie die Tragflächen, indem Sie den Winkel an der Nase halbieren.

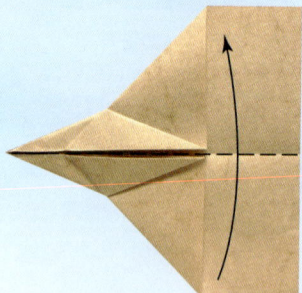

8 Falten Sie das Blatt in der Mitte.

11 Fertig.

TIPPS ZUM FLIEGEN

Abwurf
Öffnen Sie den Rumpf ein wenig und halten Sie das Flugzeug an den beiden Klappen. Justieren Sie die Tragflächen im rechten Winkel zum Rumpf. Werfen Sie das Flugzeug mit mittlerem Schwung.

Trimmen
Achten Sie darauf, dass die Tragflächen vollkommen eben sind.

Kreative Vorschläge
Können Sie ein neues Flugzeug entwerfen, wenn Sie mit Schritt 7 beginnen?

Halten Sie Ihr Flugzeug so.

Spinner

von **Nick Robinson.**

Dieses Modell ähnelt eher einem Platanensamen als einem Flugzeug, macht aber genauso viel Spaß zu fliegen.

2 Drehen Sie das Blatt um. Halbieren Sie das Blatt einmal längs und einmal quer. Das Muster der Falze erinnert jetzt an den „Union Jack".

1 Beginnen Sie mit einem Quadrat mit der farbigen Seite nach oben. Halbieren Sie das Blatt von Ecke zu Ecke, wiederholen Sie dies mit der anderen Diagonalen.

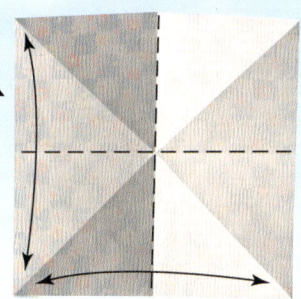

3 Klappen Sie eine Ecke in die Mitte des Blattes – die fertige Faltung ist auf der nächsten Seite zu sehen.

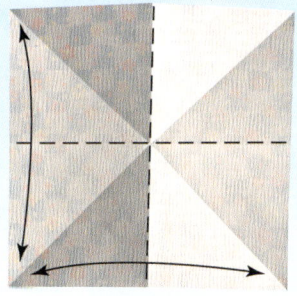

4 Formen Sie das Papier, indem Sie nur die bestehenden Falze benutzen.

59

PAPIERFLUGZEUGE BAUEN

5 Dies ist das Ergebnis. Falten Sie eine der Ecken zum Mittelpunkt des Papiers. Wiederholen Sie dies mit der entsprechenden Ecke gegenüber sowie mit den jeweils darunter liegenden Ecken.

6 Machen Sie eine Klappe schmaler, indem Sie sie zur Mitte falten. Wiederholen Sie diesen Schritt für die anderen drei Klappen.

7 Dies ist das Ergebnis. Klappen Sie eine Lage nach oben. Drehen Sie das Papier um und wiederholen Sie diesen Schritt.

8 Jetzt sollten Sie oben und unten glatte Papierflächen haben. Falten Sie eine der losen Klappen im 45°-Winkel nach oben.

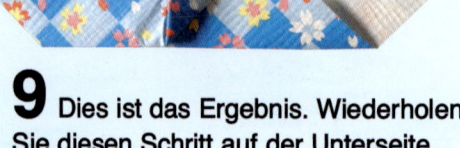

9 Dies ist das Ergebnis. Wiederholen Sie diesen Schritt auf der Unterseite.

10 Fertig.

TIPPS ZUM FLIEGEN

Abwurf
Halten Sie das Modell so hoch wie möglich und lassen Sie los.

Trimmen
Justieren Sie die Winkel an den „Flügel"-Klappen.

Kreative Vorschläge
Versuchen Sie die Klappen breiter oder schmaler zu machen.

Halten Sie Ihren Spinner so.

Art Deco Wing

von **Michael LaFosse.**

Dies ist ein Nurflügel-Design, etwas, das man mit Papier nur sehr schwer gestalten kann. LaFosse ist ein außerordentlich fähiger schöpferischer Mensch und hat bereits viele erstaunliche Origami-Werke wie auch viele ungewöhnliche und interessante Flugmodelle geschaffen.

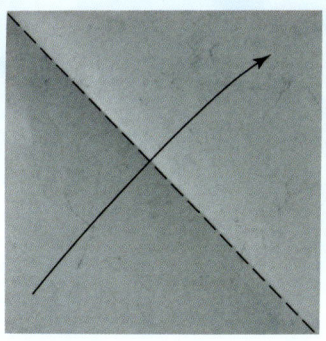

1 Beginnen Sie mit einem quadratischen Blatt. Machen Sie einen Falz von Ecke zu Ecke.

2 Klappen Sie die beiden Enden der gefalzten Kante zur Spitze.

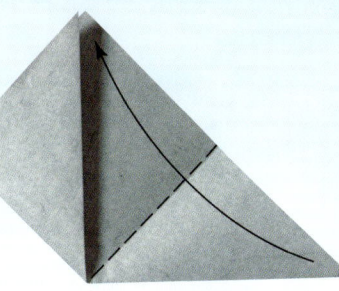

3 Klappen Sie die Innenkante des linken Dreiecks zur Außenkante. Falzen und auseinanderfalten.

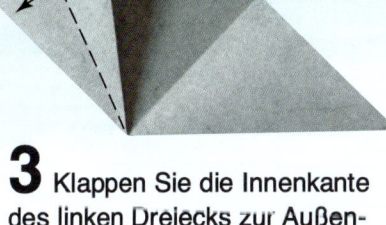

4 Ziehen Sie den Falz, den Sie gerade gemacht haben, nach oben und schlagen ihn ein. Streichen Sie den Falz der bisherigen Unterkante glatt.

5 Wiederholen Sie diese Schritte auf der anderen Seite.

6 Drehen Sie das Blatt um und klappen Sie das große Dreieck nach oben.

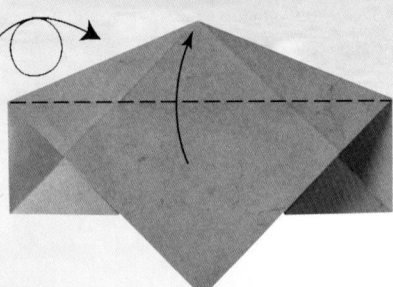

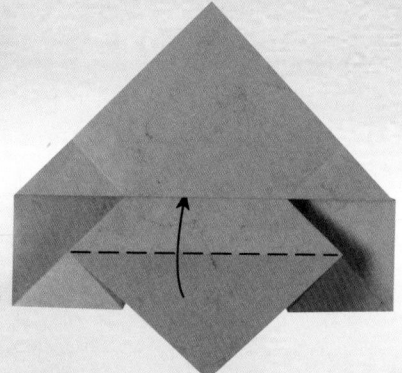

7 Klappen Sie die kleine dreieckige Lasche nach oben und stecken Sie sie in die Tasche.

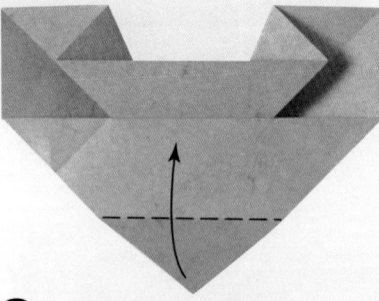

8 Drehen Sie das Papier in die Position auf dem Bild. Falten Sie die Spitze des Dreiecks zu seiner Basis.

9 Wiederholen Sie diesen Schritt mit der gerade gefalteten Kante.

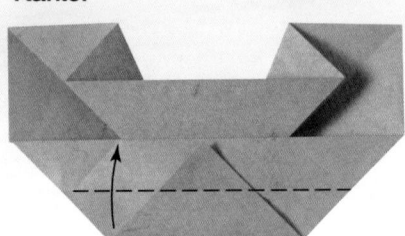

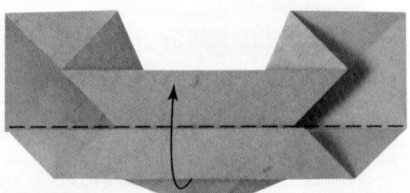

10 Klappen Sie die soeben gefaltete Kante nach oben um.

11 Drehen Sie das Papier um 180°. Falten Sie die Ecken der soeben umgeklappten Lasche zu dem waagerechten Falz zurück.

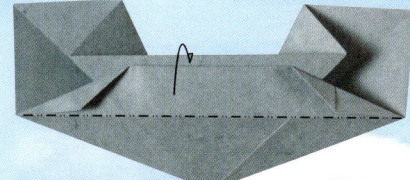

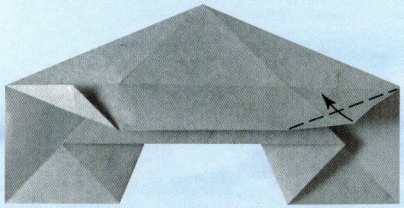

12 Drehen Sie das Papier noch einmal um 180°. Klappen Sie die Lasche mit einem Bergfalz in die Tasche.

13 Und wieder um 180° drehen. Werden Sie schon schwindlig? Heben Sie die Lasche in der Mitte an und falten Sie sie nach oben. Gleichzeitig falten Sie das Papier an den Seiten nach innen und streichen es sauber glatt. Sehen Sie sich das nächste Bild an, wenn Sie Hilfe brauchen.

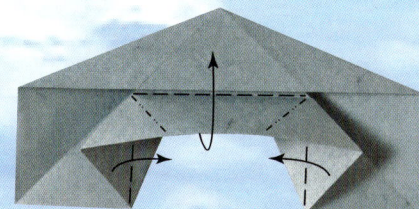

14 Dies ist das Ergebnis. Stecken Sie das Papier in die darunter liegende Tasche.

TIPPS ZUM FLIEGEN

Abwurf
Halten Sie das Flugzeug im Schwerpunkt. Werfen Sie es mit einem sanften Schwung nach vorn.

Trimmen
Justieren Sie die beiden Ruder.

Kreative Vorschläge
Gestalten Sie Ihren eigenen Nurflügler. Beginnen Sie mit Schritt 6.

15 Fügen Sie zu guter Letzt noch zwei kleine Bergfalze hinzu, um die Ruder zu falten.

Halten Sie Ihr Flugzeug so.

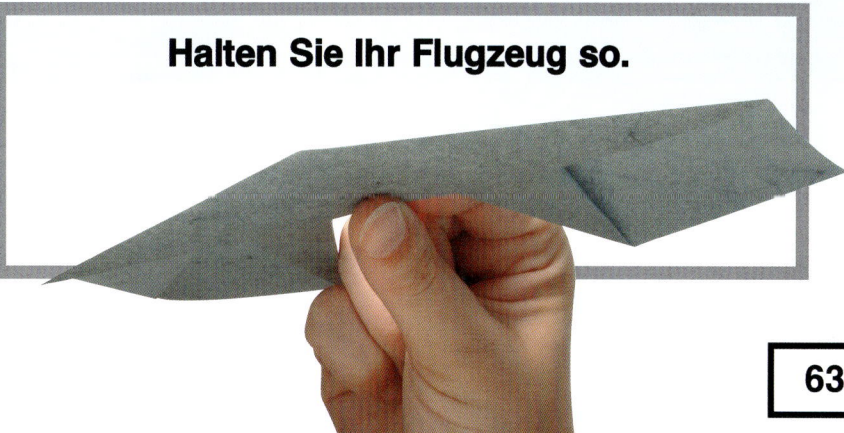

Danksagung

Dank an: Sarah und David King und Colin Bowling.
Und an Michael LaFosse, Rikki Donachie, Kunihiko Kasahara und Robin Glynn dafür, dass sie die Veröffentlichung ihrer Designs gestattet haben; an Alison, Daisy, Nick, Gomez, Matilda, Big Dave und Bob, die alle zu meiner erweiterten Familie gehören; an John, Mick und Joe, die mir geholfen haben, meine Finger beweglich zu halten; an die Papierfalter allüberall für ihre Kameradschaft und ihren Ansporn und ihre Bereitschaft, andere an ihren Einfällen teilhaben zu lassen, und an Ken Blackburn dafür, dass er Papierflugzeugrekorde an die äußersten Grenzen und darüber hinaus getrieben hat.

Der Autor: *Nick Robinson*

Nick Robinson ist Informatik-Dozent, Internet-Autor und Schriftsteller und lebt in Sheffield. Er faltet nun schon seit über dreißig Jahren und ist Vorstandsmitglied der British Origami Society. Er betreut auch deren Homepage und gibt ihre Zeitschrift heraus. Er ist in Großbritannien und anderen Ländern im Fernsehen aufgetreten und hat unzählige Designs für Zeitschriften, das Fernsehen und andere Medien entworfen. Mehr als 150 seiner Origami-Kreationen sind in 15 Ländern rund um die Erde veröffentlicht worden. Seine Homepage ist www.12testing.net. Als ehemaliger professioneller Musiker tritt er immer noch live auf. Bei seinen Gitarrensolokonzerten setzt er auf Improvisationen und Ambient-Musik.

Origami-Kontakte:

Wenn es Ihnen Spaß macht, die Projekte in diesem Buch zu falten, sollten Sie zur nächsten Origami-Gesellschaft Kontakt aufnehmen. Diese kann Sie mit Papier, neuen Entwürfen, einem Newsletter und vor allem mit vielen neuen Freunden versorgen.

Origami Deutschland www.papierfalten.de
Origami Österreich www.origamiaustria.at
British Origami Society www.britishorigami.info/